Copyright © 2010, Felipe Machado
Este texto foi publicado originalmente em junho e julho de 2010 no blog 'Bacana Bacana – Felipe Machado e as coisas legais da Copa (além de futebol, claro)', no portal do Estadão (www.estadao.com.br).

Nenhuma parte deste livro pode ser reproduzida ou usada de qualquer forma ou por qualquer meio, eletrônico ou mecânico, inclusive fotocópias, gravações ou sistema de armazenamento em banco de dados, sem permissão por escrito, exceto nos casos de trechos curtos citados em resenhas críticas ou artigos de revistas.

A Editora Pensamento-Cultrix Ltda. não se responsabiliza por eventuais mudanças ocorridas nos endereços convencionais ou eletrônicos citados neste livro.

Coordenação editorial: Manoel Lauand
Capa e projeto gráfico: Daniel Kondo
Editoração eletrônica: Kondo Studio
Fotos: Felipe Machado e Nando Machado

Dados Internacionais de Catalogação na Publicação (CIP)
(Câmara Brasileira do Livro, SP, Brasil)

Machado, Felipe
   Bacana Bacana: As aventuras de um jornalista
na África do Sul / Felipe Machado. -- São Paulo:
Seoman, 2010

   ISBN 978-85-98903-20-0

   1. África do Sul - Condições econômicas
   2. África do Sul - Condições sociais
   3. Política e governo
   4. Repórteres e reportagens - África do Sul I. Título

10-08873   CDD-070.4409668

Índices para catálogo sistemático:
1. África do Sul : Reportagens : Jornalismo 070.4409668
2. Reportagens : África do Sul : Jornalismo 070.4409668

Seoman é um selo editorial da Pensamento-Cultrix.
R. Dr. Mário Vicente, 368 – 04270-000 – São Paulo, SP
Fone: (11) 2066-9000 – Fax: (11) 2066-9008
E-mail: pensamento@cultrix.com.br

FELIPE MACHADO

BACANA BACANA

AS AVENTURAS DE UM JORNALISTA PELA ÁFRICA DO SUL

FELIPEMACHADO

BACANA
BACANA

FELIPE MACHADO

BACANA BACANA

AS AVENTURAS DE UM JORNALISTA PELA ÁFRICA DO SUL

DIÁRIO

5.6	Uma mala pronta e um show para Mandela	13
6.6	Um aeroporto verde e amarelo	15
7.6	Antílopes e orangotangos no avião	17
7.6	Credencial na mão é vendaval	19
7.6	Apetite de leão africano	21
7.6	Nelson Mandela Square: Dentro (e fora) de Johannesburgo	23
8.6	O que é Soweto? Um pequeno bairro com quatro milhões de moradores	28
9.6	A casa de Nelson Mandela e um restaurante caseiro	32
9.6	Choque cultural (amenizado por Cabernet Sauvignon sul-africano)	37
10.6	O show da Copa do Mundo começa na véspera	41
10.6	Leões fazem amor durante um safári na África	44
10.6	O mundo está de volta à África: E somos todos bem-vindos	48
11.6	Onde é que desliga essas malditas vuvuzelas?	54
12.6	Uma balada na África. E uma promessa que espero não cumprir	57
13.6	Uma comidinha básica do dia a dia	62
13.6	Um museu para lembrar que somos todos africanos	64
14.6	Melrose Arch: Meu novo lugar favorito em Johannesburgo	69
15.6	Brasil vence a Coreia do Norte em um jogo frio. Frio mesmo: Zero grau no estádio	72
16.6	Homem das cavernas: Muito prazer, Australopithecus Africanus	73
17.6	Pequeno dicionário Zulu-Português. E uma novela escandalosa	77
19.6	Futebol 3D e a balada mais caótica da África	80

20.6	O jogo da memória de elefante	83
21.6	Juiz dá uma mãozinha para o Brasil. Aliás, duas	88
22.6	Portugueses em festa e amigos na Cidade do Cabo	91
23.6	Os vynhosz daa Áfriicaaa doh Sul sãoh muitohs bonssh	94
23.6	Um passeio pelos vinhedos da África do Sul	94
24.6	Uma ilha do medo e a vista mais linda da África	99
25.6	Mil e uma noites em Durban (Na verdade, apenas duas)	104
25.6	Brasil empatou. Mas meu estômago venceu aos 45 do segundo tempo	107
28.6	De volta para casa. E "Verão", um livro para todas as estações	109
28.6	Aproveite a promoção: Esposa Zulu por apenas dez vacas	113
29.6	Brasil ganha do Chile: É hora de espremer a Laranja Mecânica	116
30.6	Vuvuzelas são a trilha sonora do inferno	118
1.7	Nas passarelas da Africa Fashion Week	121
2.7	Um elefante furioso no meio do caminho	124
3.7	A zebra laranja do Kruger Park	129
5.7	Os policiais de Mbombela são muito simpáticos	132
6.7	Um restaurante com diamantes no cardápio	134
7.7	De balão, Johannesburgo a 120 metros de altura	138
8.7	Como é que se diz "saudades" em Zulu?	140

PROVÉRBIOS AFRICANOS — 143
PENSAMENTOS DE NELSON MANDELA — 151
SAFÁRI FOTOGRÁFICO — 160

"TODO MUNDO
VOLTA AO LUGAR
ONDE NASCEU."

NELSON MANDELA

5.6.2010

UMA MALA PRONTA E UM SHOW PARA NELSON MANDELA

Como é que se diz "essa maldita mala não vai fechar" em Zulu?

Talvez a mala seja pequena, talvez eu esteja levando muita tranqueira desnecessária (será que eu realmente preciso de uma mini-vuvuzela verde e amarela?). Mas a verdade é que estou apenas esperando o carro do jornal para começar minha aventura rumo à Copa do Mundo da África do Sul.

Na minha preparação para a viagem, passei a noite de ontem vendo um DVD que estava descansando na minha prateleira há anos e, por aquelas preguiças do dia a dia, eu nunca tinha visto: "46664 – The Concert". Para quem não sabe (e eu não sabia, claro), esse era o número de identificação de Nelson Mandela durante os 18 anos que ele passou isolado na prisão de Robben Island, pertinho de onde montaram o palco.

O DVD duplo traz o show realizado em 2004 na Cidade do Cabo, apresentação que marcou o lançamento mundial de uma campanha contra HIV/AIDS organizada pela Fundação Nelson Mandela. O evento foi organizado por Dave Stewart (Eurythmics), Roger Taylor e Brian May, respectivamente, baterista e guitarrista do Queen. E teve a presença, sempre mágica, do próprio Mandela. Tenho certeza de que voltaremos a falar dele muitas vezes durante essa viagem.

Como todo evento beneficente que acontece no mundo – seja um bingo com renda revertida para o bar do Zezinho ou uma ação entre amigos para salvar os pandas hermafroditas –, esse show contou com a participação de Bono, super-herói-defensor-dos-fracos-e-oprimidos e vocalista do U2 nas horas vagas. Aposto que ele insistiu muito até convencer o colega The Edge a dividir o palco com ele. Bono não sossegará enquanto não ganhar o Nobel da Paz. E que seria (será?) merecido, diga-se de passagem. Se não ganhar o Nobel da Paz, pelo menos Bono certamente ganhará o Nobel do Acajú: a cor do penteado do roqueiro irlandês faz o cabelo do Silvio Santos parecer "natural".

A lista de *celebrities* não para aí: o show teve participação de Beyoncé, Peter Gabriel, Eurythmics, Bob Geldof (que já ajudou a África quando organizou o Live Aid, em 1985), Zucchero (um tipo de Bono italiano e muito acima do peso) e até Jimmy Cliff. Há também artistas africanos como Youssou N'Dour (o único que eu conhecia), Angelique Kidjo, Yvonne Chaka Chaka (adorei esse sobrenome, "Chaka Chaka", me lembrou o personagem-das-cavernas do "Elo Perdido", seriado tosco dos anos 70) e Baaba Maal (não, ele não babava mal, ao contrário do que o nome sugere).

O show foi legal, mas estranhei porque a plateia era composta quase que exclusivamente por brancos. Ainda é muito cedo para entender como funciona a dinâmica entre as raças na África do Sul, afinal eu nem entrei no avião. Mas é um assunto sobre o qual estou curioso e que prometo abordar em breve.

Opa! Tocou o interfone. É o carro do jornal, o que significa que minha viagem começa quando terminar essa frase: agora.

46664 – The Event
Warner Music 2004 | DVD duplo

6.6.2010
UM AEROPORTO VERDE E AMARELO

Estou no aeroporto e o voo ainda vai demorar um pouco para sair. Antes de passar as próximas duas horas lendo livros de escritores sul-africanos (sim, eu sou obsessivamente temático e trouxe exemplares de vários representantes), resolvi compartilhar o clima que, com o perdão da expressão, paira sobre o aeroporto. Por aqui, não há a menor dúvida de que a Copa do Mundo já começou.

Há muitas pessoas vestidas com as cores do Brasil, principalmente a tradicional camisa amarelinha. Os torcedores mais empolgados já estão usando até aqueles chapéus ridículos que a gente vê na TV e morre de vergonha alheia. Como pretendo dormir no voo, espero que não tenham trazido vuvuzelas verde-amarelas.

Antes do meu check in no balcão da South African Airways, resolvi encapar a mala com aquele plástico grudento que supostamente vai proteger minha mala de choques indesejáveis e, principalmente, de funcionários desonestos. Só fiz o tal do "Secure Bag" por insistência de amigos, que juraram ver matérias na TV dizendo que a África do Sul tem a maior taxa de malas abertas e roubo de bagagem do mundo. Por via das dúvidas, contratei a tal proteção e fiquei até com um pouco de pena da minha mala: ela pareceu ter sido despachada dentro de uma camisinha. Como sou curioso, perguntei para os caras da empresa quantas malas eles encapavam por dia. Resposta: 200.

"E olha que esse aqui é só um dos dez pontos no aeroporto", contou vantagem o funcionário, se esquecendo de que eu estava indo para a África do Sul ver a Copa e ele estava embalando 200 malas por dia. "Ah, tá", respondi. Comecei a fazer as contas (cada uma a R$ 30 e 200 por dia x 10 pontos no aeroporto) e acabei deixando o assunto para lá. Pensando bem, talvez ele tenha razão em me esnobar.

Uma segunda primeira impressão sobre a viagem ("primeira impressão" é bom: eu nem entrei no avião) é que, pelo jeito, não há voos diretos de outras capitais brasileiras para Johannesburgo, muito menos de outros países sul-americanos. Conclusão: o voo está lotado de paulistas (bom), outros brasileiros de todo o país (bom), argentinos, uruguaios, chilenos e outros hermanos (ruim).

Simplesmente não consigo entender por que os argentinos se acham tanto quando o assunto é futebol: só ganharam uma Copa do Mundo até hoje (1978 não conta, o título foi assumidamente comprado pela ditadura argentina), tem o jogador mais feio da Copa (Carlito Tevez) e o técnico Maradona, um doidão cuja fama se deve à curta carreira futebolística e às longas carreiras de um pozinho branco que não faz muito sucesso com a polícia.

Como é que se diz "espero que a guerra de torcidas não comece no avião" em Zulu?

South African Airways
Alameda Itu, 852, São Paulo, SP | T: 0800 7711030
saabrazil@flysaa.com | www.flysaa.com

7.6.2010

ANTÍLOPES E ORANGOTANGOS NO AVIÃO

Cheguei em Johannesburgo em um voo sem escalas – até porque o único lugar onde o avião poderia pousar entre o Brasil e a África do Sul seria, sei lá, a ilha do Robinson Crusoé. Foi um voo tranquilo, onde tive a oportunidade de entrar mais ainda no clima da viagem: entre os filmes disponíveis, estava o ótimo *Invictus*, de Clint Eastwood.

O filme é sensível sem ser piegas; é humano sem ser (desnecessariamente) brega. Para quem não viu, conta a relação entre Nelson Mandela e o rugby, esporte associado desde sempre ao passado da África do Sul e ao apartheid. Mandela, como gênio que sempre foi – e ainda é – aposta que o esporte praticado e amado apenas pelos brancos africâneres pode se tornar uma ferramenta útil para unificar o país.

É uma ideia tão desprovida de egocentrismo que dificilmente outra pessoa no mundo teria a coragem de tê-la seguido. A história é real: conhecidos como Springboks – o apelido é em homenagem à agilidade de uma espécie de antílope africano –, a seleção de rugby da África do Sul ganha o inesperado apoio do presidente Nelson Mandela ao sediar a copa do mundo de rugby, em 1995.

Não vou contar o final, mas digamos que o Nelson Mandela deu sorte.

Há quem ache que esse exemplo pode ser aplicado aos Bafana Bafana na Copa do Mundo de futebol. Para eles, eu diria: podem tirar os antilopezinhos da chuva.

Eu e meus colegas do Estadão desembarcamos às 7h da manhã no aeroporto de Johannesburgo. É um fuso horário pesado, cinco horas de diferença. Mas o ideal é começar a respeitar o horário do país desde a chegada, por isso dormir é algo que nem passa pela cabeça. Mas o sono é forte: durante a aterrissagem, ouvi a aeromoça dizer que estávamos chegando ao "Orangotango Airport". Como sou fã dos grandes primatas, achei muito legal a ideia e até bati palmas. Pensei: "puxa, que legal, enquanto no Brasil se batizam ruas, viadutos e pontes com nomes de políticos, os africanos homenageiam outros primatas mais desenvolvidos". Pena que não era bem assim: o aeroporto, na verdade, se chama O.R. Tambo, (*Ou Ar Tambou*, na pronúncia em inglês). Eu é que ouvi errado.

Chegamos no hotel e pude constatar, mais uma vez, que sou um cara de sorte. O hotel se chama Don Suite III e o quarto é lindo; tem até antessala com um sofá e duas poltronas superconfortáveis. Pena que pelo jeito não poderei aproveitá-las muito bem: mal deixamos as malas no quarto, já temos que correr para pegar uma carona no ônibus da FIFA até o Media Center. Quem acha que ouro e diamantes são os itens mais valiosos da África do Sul se enganou: não há nada mais desejado do que as famosas e disputadas credenciais da Copa do Mundo.

> **O.R. Tambo International Airport**
> Tel: (011) 921.6911 | www.acsa.co.za
>
>
>
> **Don Suite III Johannesburgo**
> 125 Pretoria Ave., Sandton | T: (011) 883.5814
> sand3@don.co.za | www.don.co.za
>
> **DVD Invictus**
> Warner | 133 min.

7.7.2010
CREDENCIAL NA MÃO É VENDAVAL

O Media Center da Copa do Mundo fica pertinho do Soccer City, palco da abertura e da final da Copa do Mundo. A região ao redor do estádio é enorme e meio desorganizada, ninguém sabe direito para onde devemos ir; há ainda construções inacabadas e a impressão é de que a Copa do Mundo começará daqui a alguns meses – e não daqui a alguns dias. É, a África do Sul e o Brasil têm muito mais em comum do que a gente imagina... Como é que se diz "jeitinho brasileiro" em Zulu?

O design do estádio é uma mistureba de conceitos arquitetônicos e símbolos da África do

Sul. Só para você ter uma ideia, a descrição do conceito do Soccer City é tão cheia de flores, que achei que eles estavam falando de um jardim, não de um estádio. Há elementos em homenagem à mineração, principal fonte de renda de Johannesburgo no passado; à árvore Kgotla; ao mapa africano, representado pelo deserto, às árvores tropicais e às riquezas minerais; à Protea, a flor nacional; e ao "calabash", um tipo de pote africano usado para cozinhar. Faltou homenagear o Mandela, mas tudo bem.

Almoçar pra quê? Credencial na mão, é hora de correr para ver o treino do Brasil. A Seleção Brasileira treina no campo da escola Randburg, também conhecida como Hoërskool Randburg (o que me leva a crer que trata-se de uma escola de influência africâner). Logo na entrada, o nome da empresa que faz a segurança do local chama a atenção: Piranha Security. (Não, eu não vou fazer nenhuma piada com alguma "Maria-Chuteira". Não precisa.)

Confesso que nunca vi a Seleção Brasileira jogando, por isso é curioso que minha primeira vez seja em um campo pequeno, sem torcida e com uma pequena arquibancada repleta de jornalistas. Qualquer um que está ali entende muito mais de futebol que eu, portanto minha humildade (forçada) me faz calar a boca e ouvir para tentar aprender com eles. E até que dá certo: poucos minutos depois do início do treino, já sei até que o Brasil tem um jogador chamado Ramires.

O treino é meio decepcionante, apesar de ser legal ver Kaká, Robinho e companhia de pertinho. Digo isso porque não é exatamente um treino, em que os caras "treinam" alguma coisa. Eles fazem um aquecimento leve, esticam daqui e puxam dali. Daí começam a jogar "bobinho", e quem é homem sabe que "bobinho" é um tipo de brincadeira futebolística divertida apenas para quem joga, nunca para quem vê.

Depois disso vem aquilo que os entendidos chamam de "rachão", ou seja, um joguinho informal. Isso seria até legal se ao menos jogassem "titulares X reservas", mas o que acontece é que são dois times aleatórios. Não consigo entender por que todo mundo reclama que a Seleção não tem entrosamento e quando há a chance obter isso cada um joga em uma posição. A ideia não é se entrosar? Nunca saberei: não tive coragem de perguntar para nenhum dos especialistas na arquibancada.

7.7.2010

APETITE DE LEÃO AFRICANO

Fim do treino, hora de finalmente comer alguma coisa. Meu estômago já estava rugindo como um leão africano: acho que estava perguntando se eu passaria a Copa inteira sem comer nada. (Não, estomaguinho querido).

Eu e meus colegas do Estadão fomos até a Nelson Mandela Square, pertinho do nosso hotel, um lugar que pelo jeito será o campeão de audiência aqui em

Johannesburgo (como o nome da cidade é muito grande, passarei a chamá-la pelo apelido local, muito menor e mais simpático: Joburg – Joburgo para brasileiros íntimos).

A Nelson Mandela Square tem várias opções de bares e restaurantes, mas meus colegas que estão aqui há mais tempo nos aconselham a ir no Ghirardellis, cantina-churrascaria com opções para todos os gostos. O lugar é ótimo e está lotado de torcedores de várias partes do mundo, o que é possível constatar olhando rapidamente para os uniformes e adereços típicos (desconfio que esses caras com chapéus de mariachi são mexicanos, não sei por quê).

Peço um T-Bone Steak, carne conhecida nos restaurantes extremamente sofisticados que frequento em São Paulo como "bisteca". Para comemorar o primeiro dia de trabalho, pedimos uma garrafa de vinho da África do Sul. Como já sabia que a Pinotage era a uva típica do país (sim, eu fiz a lição de casa), sugeri um Beyerskoof 2009, fabricado pela Beyers Truter na região de Stellenbosch (sim, eu copiei do cardápio). "Foi uma ótima pedida, Felipão", meus colegas disseram em coro (sim, isso é mentira, eles não falaram nada).

Após o jantar, nada melhor do que uma longa caminhada de cerca de 12 passos até o estacionamento. E, de lá, para casa. Sim, depois de matar sua fome de leão africano com uma bisteca gigante e um vinho delicioso, você também chamaria Joburgo de casa.

Nelson Mandela Square
www.nelsonmandelasquare.com

Sandton City
www.sandtoncity.com

Ghirardellis
Loja 12 Sandton City, Nelson Mandela Square
T: (011) 884.2632
info@ghirardellis.co.za | www.ghirardellis.co.za

7.6.2010

NELSON MANDELA SQUARE: DENTRO (E FORA) DE JOHANNESBURGO

Muitas pessoas me alertaram sobre a questão da segurança na África do Sul e é óbvio que essa é uma questão fundamental para qualquer viajante. Tenho o costume de "me perder" nos lugares, característica que é tema de preocupações familiares ("cuidado com tudo", diria minha mãe) e, claro, preocupação minha também. Em Pequim, durante a Olimpíada, isso era uma coisa que eu adorava fazer: infelizmente, "me perder" é algo que vou tentar evitar ao máximo aqui em Joburgo. Ainda mais porque três colegas do Estadão foram assaltados por aqui quando estavam fazendo matérias especiais sobre a preparação do país para a Copa do Mundo. Se você já leu o livro F*ogueira das Vaidades*, de Tom Wolfe, sabe do que estou falando.

Uma pequena caminhada de dez minutos do hotel até a Nelson Mandela Square ao meio-dia, no entanto, não faria mal a ninguém, certo? O lugar é tão perto que até eu, que não tenho absolutamente nenhuma noção geográfica, conseguiria chegar sem problemas. Sob um sol maravilhoso e um ar seco como o deserto da Namíbia, foi assim que a segunda-feira começou.

Como desembarquei em Joburgo num domingo e as ruas estavam bastante vazias, foi interessante ver como é a cidade em um dia normal. Ainda não me acostumei ao trânsito invertido (sim, a África do Sul segue o padrão inglês, onde as pessoas dirigem no lado errado da rua), e quase fui atropelado algumas dezenas de vezes. Mas estou me acostumando. Para garantir minha segurança, antes de atravessar a rua dou uma rodopiada de 360° sobre o pé direito para ver se não há carros perigosamente próximos. A cena é ridícula, mas pelo menos isso provavelmente me manterá vivo por mais um tempo.

Daqui a alguns dias, pretendo roubar o veículo de um dos meus colegas do Estadão e dar uma volta por aí – ainda bem que nossos carros alugados vieram com aparelhos de GPS. Será que há uma opção para que a voz me lembre de que devo sempre andar pela contramão?

A Nelson Mandela Square é um lugar curioso, já que é formada por vários shoppings, restaurantes, hotéis e prédios, tudo interligado por imensas passarelas cobertas. Há, claro, uma área externa (ocupada grotescamente por um enorme cinema 3D da Sony) com restaurantes, cafés e uma estátua de bronze do Mandela, sorridente (e onipresente) como sempre. Mas a preocupação com segurança está disfarçadamente no ar, já que é possível passear o dia inteiro sem andar pela rua, "do lado de fora", no mundo real. Só como exemplo: é possível chegar à cidade de carro, se hospedar no Michelangelo (o hotel mais chique), almoçar no Montego Bay (um dos melhores restaurantes), fazer compras no Sandton City (o shopping mais sofisticado), tomar um café no Lattelicious... tudo isso sem pôr os pés na calçada. Para os mais cautelosos, há várias lojas de segurança pessoal no shopping, como a Home Security Centre, onde você pode comprar um spray de pimenta ou uma câmera de segurança enquanto espera a fila do McDonald's (isso é estranho).

Não quero justificar nada, até porque ainda nem conheço a cidade direito. Mas se for como andam dizendo, seria compreensível entender por que a Mandela Square fica em Sandton, o bairro mais chique de Joburgo. É uma espécie de Jardins (São Paulo) ou Leblon (Rio de Janeiro) lotado de policiais e seguranças, onde é comum ver executivos trabalhando em seus laptops nos cafés e garotas sul-africanas comprando bolsas da Gucci. É aqui, por exemplo, que está hospedado Joseph Blatter, presidente do mundo, ops, da FIFA, e toda a cúpula da organização da Copa do Mundo.

Olha! E não é que o Blatter passou na minha frente? E caminhando pela rua! Quer dizer, acho que era ele, baixinho, tiozinho, no meio de vários seguranças. Passou rapidamente e entrou no Hotel Michelangelo. Se o Blatter pisou na rua em Joburgo, o negócio não pode ser tão ruim assim. Voltaremos ao tema: espero que seja apenas para dizer que esse lance da segurança é um exagero.

Depois de cruzar com o Blatter, eu e meu amigo Daniel Piza fomos almoçar no The Butcher Shop & Grill, restaurante especializado em carnes e considerado um dos melhores de toda a África. O lugar é bom mesmo: o filé de avestruz foi uma das carnes mais macias que já comi na vida. Há também um açougue ao lado com cortes de carne tão diferentes, que não olhei muito com medo de encontrar algum *Brazilian Journalist Filet*. E já que estamos falando de comida, acabei provando o acompanhamento favorito dos sul-africanos: purê de abóbora com espinafre (quer dizer, pelo menos eu acho que era isso). O apetite de leão mais uma vez foi saciado.

À tarde teve treino, quer dizer, jogo do Brasil contra a Tanzânia. Quem? É aquele lugar famoso por ser a terra natal do Diabo? (Ah, não, aquele é o Diabo da... Tasmânia, sorry.) Tudo bem, o Brasil ganhou de 5 a 1. Mas não dá para dizer se está tudo ótimo ou tudo péssimo, já que a Tanzânia é um time tão forte quanto, sei lá, o FMFC (Felipe Machado Futebol Clube, que só joga de dezoito em dezoito anos).

Foi o último amistoso da Seleção Brasileira antes da estreia, dia 15, contra a Coreia do Norte. Como se diz em Sotho, uma das onze línguas oficiais da África do Sul, "Ke Nako". Em inglês, "It's time". Em português, "é a hora da onça beber água". *Ué, mas tem onça na África do Sul?*

The Butcher Shop & Grill
Nelson Mandela Square, 30 | T: (011) 784.8676
thebutchershop@mweb.co.za
www.thebutchershop.co.za

Home Security Centre
Loja 12, Banking Mall, Sandton City
T: (011) 783.3408 | hsc@wbs.co.za

Michelangelo Hotel
Nelson Mandela Square W. St.
T: (011) 282.7000
michelangelo@legacyhotels.co.za
www.michelangelo.co.za

Montego Bay Fish & Grill
Loja 31 Sandton City, Nelson Mandela Square
T: (011) 883.6407
montegobayrestaurant@mweb.co.za
www.montegobay.co.za

Lattelicious
Loja 43 Sandton City, Nelson Mandela Square
T: (011) 784.3330
mandelasquare@lattelicious.co.za | lattelicious.co.za

8.6.2010

O QUE É SOWETO? UM PEQUENO BAIRRO COM APENAS QUATRO MILHÕES DE MORADORES

Sem querer voltar ao item da segurança e já voltando (como diria Jô Soares), perguntei para alguns colegas do Estadão que estão aqui há mais tempo como eles fizeram para ir a Soweto, região que sempre imaginei como uma gigantesca favela – principalmente graças a matérias alarmantes veiculadas na mídia brasileira há anos.

Quem esteve lá me tirou um pouco do medo, alegando que era moleza para quem estava acostumado com São Paulo e Rio de Janeiro. Alguns inclusive foram até Soweto em carros alugados, desmistificando a imagem de que quem entra lá corre o risco de se perder e nunca mais sair.

Juro que tentei pegar emprestado um dos carros alugados, mas todos estavam em uso pela equipe que ia cobrir a Seleção Brasileira e outros amistosos. Estamos a poucos dias do início da Copa e a tendência é de que tudo se volte mesmo para o futebol. Sugeriram-me, então, contratar um motorista local, que conheceria bem melhor o caminho e poderia nos levar aos lugares mais interessantes de Soweto sem perder muito tempo.

Foi assim que eu e o Daniel Piza, que já havia sido meu colega de aventuras em Pequim durante a época da Olimpíada, decidimos ligar para um motorista chamado Victor e combinar um passeio à tarde por Soweto.

Quando Victor chegou, percebi que a ideia não poderia ter sido melhor. Em primeiro lugar, porque ele dirigia um Mercedes novinho, o que garantiria um passeio bem mais agradável (e uma morte pelo menos mais glamourosa, se viesse a acontecer). Em segundo, porque não há nada melhor do que dar uma volta por uma região que você nunca foi ao lado de um cara que não apenas já havia morado lá, como conhecia o local como a palma de sua mão.

Durante o caminho (Soweto fica a cerca de uma hora de Sandton), Victor nos deu um belo panorama político-econômico-social sobre a África do Sul atual. É sempre bom conversar com gente que vive de fato a realidade do país, e não com jornalistas que acham que sabem tudo depois de passar apenas um dia passeando pelas áreas turísticas e que, na verdade, esquecem que estão dentro de uma redoma de vidro (eu me incluo aí, humildemente).

Victor é um otimista e, na minha opinião, (ele não disse, mas eu acho) muito disso vem do fato de que seu país sedia uma Copa do Mundo. Ele orgulhosamente garante que as obras estão em dia (não estão, mas tudo bem), afirma que tudo vai dar certo, acredita que o país está no caminho certo. Cita, por exemplo, o "BEE", ou *Black Economic Empowerment*, programa de benefícios e cotas que leva os negros para as universidades e os ajuda a ingressar no mercado de trabalho. Depois de tantos anos de apartheid, Victor diz que os negros estão tendo que reaprender a ocupar o lugar que merecem na sociedade. Ele acha que está dando certo.

Talvez você tenha me achado tímido em relação ao assunto acima, mas a verdade é que o problema racial é algo tão complexo que ainda não me sinto confortável para fazer nenhuma observação. O que me resta, no caso, é reproduzir a opinião do Victor, um negro sul-africano que conhece bem o assunto e que me pareceu ser pragmático e de bom senso.

Por mais que exista gente criticando a Copa e dizendo que não passa de uma política de pão e circo, a verdade é que um evento com esse perfil enche de autoestima um povo que já sofreu muito e passou por enormes mudanças sociais e políticas nos últimos anos (o apartheid terminou em 1990, mas isso em termos históricos é uma gota no oceano).

O sentimento de otimismo está no ar, o que é muito bom para todo o continente africano: basicamente dá para dizer que eles estão felizes em receber os visitantes. Por mais que isso possa parecer maluco, tenho que dizer que senti uma pequena semelhança com o clima da Olimpíada de Pequim. Não, a África do Sul não é um país politicamente fechado, nem o povo chinês é extrovertido como os africanos. Mas há uma grande dose de orgulho comum: os dois países que há poucos anos estavam fora do cenário mundial agora se sentem importantes *players* globais (e são).

Voltando ao passeio: Soweto é muito diferente do que eu imaginava. Não é uma favela, como se pensa no Brasil; tampouco é um lugar "totalmente normal", como quis me vender o Victor. É realmente um lugar único. Ou você acha que existem muitos bairros no mundo com quatro milhões de habitantes?

Soweto significa *SouthWest Township*, algo como "Cidadezinha a Sudoeste". É difícil traduzir *township*, mas definitivamente a palavra correta não é "favela". Há zonas bem pobres dentro de Soweto, locais conhecidos como *shacks*. Essas, sim, são áreas até piores que as favelas brasileiras, com chão de terra batida e casas caindo aos pedaços. Grande parte de Soweto, porém, é feita de casas de tijolos que seguem uma espécie de padrão arquitetônico (horrível, mas pelo menos é um padrão).

Algumas são moradias bem boas, de dois andares, com carros novinhos nas garagens. É impossível, no entanto, dizer que é um lugar onde você vai caminhar seguramente sem se preocupar com nada. Dependendo do sub-bairro que você estiver, há grandes chances de quem é branco sofrer algum tipo de violência. Mas, até aí, convenhamos que também há regiões em São Paulo e no Rio onde você não se arriscaria a andar sozinho à noite. Nem eu.

O que dá para dizer, enfim, é que o Soweto é uma espécie de cidade-dormitório ligada a Joburgo e habitada apenas por negros. É sério: perguntei para Victor se havia brancos morando em Soweto. Ele foi categórico: "não, nenhum". "Peraí, Victor, nenhum mesmo, entre quatro milhões de pessoas?" "Não. Apenas indianos", ele garantiu.

Por que Soweto é um lugar tão conhecido? O bairro ficou famoso internacionalmente graças a um episódio que expôs o regime do apartheid como nunca havia sido feito antes. Após uma decisão do governo que obrigava os negros a aprender o idioma africâner nas escolas, os moradores de Soweto se rebelaram contra a medida. Policiais foram tentar controlar o tumulto e acabaram matando 21 pessoas no dia 16 de junho de 1976, entre eles um garoto chamado Hector Pieterson, de 13 anos.

Como toda revolução precisa de um mártir, o jovem Hector se tornou um símbolo da resistência negra na África do Sul e divulgou os horrores do racismo no país para o resto do mundo. Há uma foto emblemática do garoto sendo levado morto no colo por outro jovem, com sua irmã ao lado, gritando, desesperada. Dizem que uma imagem vale por mil palavras; essa valeu por milhões de vozes.

Soweto
www.soweto.co.za | www.sowetotourism.co.za

9.6.2010

A CASA DE NELSON MANDELA E UM RESTAURANTE CASEIRO

Pode se acomodar direitinho no assento do passageiro da Mercedes (e lembre-se que na África do Sul o passageiro fica do outro lado), porque ainda não saímos de Soweto. Antes de ir embora, tenho que visitar a única rua do mundo de onde saíram dois ganhadores do Prêmio Nobel da Paz: a Orlando West Road. Nunca ouviu falar? Mas aposto que você já ouviu falar de dois caras que moraram lá: Desmond Tutu e Nelson Mandela.

Desmond Tutu foi arcebispo da Cidade do Cabo e ganhou seu Nobel em 1984 pela luta contra o apartheid. Seu amigo Nelson morava um pouco acima na rua, no número 8115, onde hoje funciona o Museu Nelson Mandela.

Chamar a pequena casa de museu é quase uma ofensa aos museus, apesar da boa intenção dos organizadores e do entusiasmo quase religioso dos guias locais. Mandela, que eles chamam aqui carinhosamente de "Madiba", nome do clã ao qual ele pertence, é um nome sagrado, um deus. Ainda não se sabe se ele vai ou não à abertura da Copa do Mundo, mas Victor garante que ele tem que ir. "Ele precisa ir para espalhar sua mágica no estádio e dar sorte para os Bafana Bafana", diz o cara que, cinco minutos atrás, expunha com desenvoltura teorias econômicas complexas, como se fosse o presidente do Banco Central sul-africano.

Está bem, está bem. O museu é bonitinho, vai, e a casa foi totalmente reconstruída (o que não sei exatamente se é bom ou ruim). Quando vou a lugares históricos como este, gosto mais de ver o clima real do lugar, não uma reconstrução completa feita há dois anos. A casa-museu tem uma cama, uma mesa e um armário que os caras juram que era do Mandela. Há até um cinturão do campeão mundial Sugar Ray Leonard, presente do pugilista para Mandela, que também lutava boxe (é difícil imaginar o Mandela-tiozinho de hoje sorrindo e lutando boxe, mas parece que o cara era bom mesmo: treinava de segunda a quinta no Community Centre, pelo menos uma hora e meia por dia).

Como já mencionei aqui, há onze línguas oficiais na África do Sul, reflexo da diversidade de suas tribos. Mandela é da tribo Cossa, enquanto o atual presidente, Jacob Zuma, é Zulu. Pois bem: tudo isso para dizer que o nome dessa tribo, "Cossa", tem uma pronúncia bastante diferente para nós ocidentais. Imagina a palavra "cló-sa"; agora estale a língua no céu da boca ao dizer o "cló", e depois emende na sílaba final, "sa". Nosso guia aqui no museu fala assim. Dá vontade de rir porque é um som realmente muito diferente, mas me contenho. Madiba merece respeito.

Depois do Museu Mandela, demos uma passada no Museu Hector Pieterson, bastante interessante para quem quer saber mais sobre o apartheid e suas consequências nefastas para a população negra. É impossível deixar de odiar os africâneres; os caras eram uns nazistas de ascendência holandesa. Victor diz que não pode nem ouvir alguém falando africâner perto dele que lhe dá um frio na espinha. "É a língua do mal", define o motorista, que subitamente voltou ao seu tom professoral.

Apetite de leão? Hora de parar para um banquete africano no restaurante Wandie's Place. Acho que deve ser o único restaurante típico decente de Soweto, porque encontramos lá repórteres da Globo, SporTV, além de torcedores americanos e alemães.

Victor havia nos oferecido como opção um restaurante no shopping de Soweto, mas até parece que fui até a África para comer numa praça de alimentação.

O Wandie's Place é um lugar bastante rústico e interessante – e esses adjetivos podem levar você a achar que por acaso eu não gostei da comida. Acertou em cheio: era horrível. Mas admito que a culpa é minha, porque já estou ficando (mal) acostumado com bistecas e filés de avestruz tenros e deliciosos. O cardápio do Wandie era bem variado, mas optamos por escolher o bufê – já que é para sofrer, pelo menos que seja rápido.

Sobre a mesa do bufê havia uma série de pratos que eu não conhecia, por isso pedi para meu novo melhor amigo Victor me traduzir o que era cada coisa (confesso que estou com remorso de falar mal da comida que ele traduziu com tanta empolgação e orgulho, mas tenho que ser sincero). Na mesinha das entradas, arroz, purê de feijão, purê de espinafre, purê de abóbora e purê de batata (você acha que eles gostam de purê?).

Na mesa dos pratos quentes (que na verdade estavam tão frios quanto as entradas), uma comida que me chamou a atenção foi o "pap". Isso mesmo, "pap". Não, não tem nada a ver com aquela tecla da TV que a gente aperta para ver o idioma original do filme. Adivinha então: é farinha de milho... em purê. Na verdade, Victor disse que é uma farinha misturada com água quente até ficar com aquela consistência... "deliciosa" (as aspas significam que a expressão foi dele).

Havia mais uma série de opções: Mgodu (ensopado de estômago de vaca, o favorito de Victor), frango (graças a Deus), molho de tomate, bife de fígado com cebola, ensopado de carne, cordeiro e linguiça Boerewors. Esse tipo de linguiça é sinônimo de churrasco sul-africano; eu já tinha experimentado antes e acho que é considerado o "hit" da cozinha sul-africana. Ela é preparada com uma longa tripa preenchida com carne de vaca e de porco, condimentada com sementes inteiras de coentro, noz-moscada, pimenta-da-jamaica e vinagre. É bastante salgada e tem sabor forte e meio enjoativo.

Você achou que o Victor ia conseguir me traduzir tudo isso? As informações são de Hilary Biller, editora de gastronomia do jornal sul-africano Sunday Times.

Entramos no carro e voltamos para Joburgo. Do outro lado da avenida, trânsito totalmente parado às quatro da tarde. "É o pessoal saindo do trabalho e voltando para Soweto", explica Victor. Eu achei que quatro da tarde era um horário meio cedo para sair do trabalho, mas tudo bem. Quem sou eu para saber detalhes sobre a cultura sul-africana? Pelo menos posso dizer que conheci Soweto e voltei são e salvo. Pelo menos até a hora da digestão.

Nelson Mandela House
Vilakazi Street, Soweto | T: (011) 936.7754
info@mandelahouse.org | www.mandelahouse.org

Wandie"s Place
618 Dube, Soweto | T: (011) 982.2796
wandie@wandiesplace.co.za
www.wandiesplace.co.za

Hector Pieterson Memorial
C8287 Kumalo Street, Orlando West, Soweto
T: (011) 536.0611
alih@joburg.org.za | www.sowetouprisings.com

9.6.2010

CHOQUE CULTURAL AMENIZADO POR CABERNET SAUVIGNON

Há coisas muito boas e outras não tão boas assim na profissão de jornalista. As boas são as possibilidades de participar da realidade de maneira ativa, presente, vendo tudo de perto e tentando retratar da forma mais honesta possível para as outras pessoas a experiência que se viveu.

A parte ruim é chegar de Soweto e ter apenas dez minutos para se arrumar antes de enfrentar um jantar de gala organizado pela ONU com a participação do Secretário-Geral Ban Ki-moon e do presidente da África do Sul, Jacob Zuma.

Ainda bem que não preciso descansar nem dormir

muito para recuperar as energias. Quando meu colega Jamil Chade me ligou dizendo que havia a possibilidade de fazer uma reportagem para a TV Estadão, entrei no chuveiro e oito minutos depois estava novinho em folha, pronto para a nova pauta.

A entrevista dos dois líderes foi organizada para divulgar o 1Goal, campanha mundial de estímulo à educação com apoio da ONU e da FIFA. Ban Ki-moon e Jacob Zuma se reuniram em um local escolhido a dedo, uma antiga prisão (*Prison Number Four*) de Joburgo que foi reformada após o fim do apartheid. Hoje o local é o *Constitution Hill*, edifício onde funciona desde 1994 a Corte Constitucional da África do Sul. É incrível pensar que aqui está o *Old Fort Prison Complex*, que teve Mandela como prisioneiro (pelo jeito, Mandela ficou preso em todas as prisões da África do Sul).

Confesso que senti um choque cultural ao sair de Soweto e entrar em um jantar de gala da ONU, com toda a pompa e circunstância que esse tipo de evento tem. Não, não estou reclamando de ser obrigado a provar o Fleur du Cap Cabernet Sauvignon 2008, vinho sul-africano que foi servido na cerimônia (depois que o trabalho já tinha acabado, claro). Mas é um choque cultural ver gente de smoking depois de voltar de Soweto.

Na verdade, é extremamente positivo imaginar que há tanta gente tentando ajudar o mundo – e não estou sendo ingênuo. Pena que a ONU tenha perdido relevância desde que os Estados Unidos jogaram no lixo qualquer forma de entendimento internacional para se lançar na aventura no Iraque. Não sou ingênuo, mas acredito que a ONU tem, sim, um papel importante de conciliadora que tem ficado de lado para dar lugar à política em sua forma mais crua. Conceitualmente, sua existência ainda é um sopro de esperança na cooperação entre os países, mas talvez tenha se tornado uma organização tão corporativa e acima do mundo real, que dificilmente os resultados práticos chegam aos que precisam.

De qualquer maneira, é impossível ficar contra a ONU. Mas sou obrigado a admitir que pelo menos Kofi Annan tinha uma presença mais impactante: Ban Ki-moon é simpático, mas totalmente desprovido de carisma. Zuma é o oposto: parece ser um cara simpaticão, carismático, mas no fundo não sei se dá para confiar muito nele, não. Digo isso apenas pelo jeitão do cara – seu governo está mais envolvido em escândalos políticos do que imagina a nossa vã filosofia.

Sua história recente que tem recebido mais destaque, porém, é uma fofoca das grossas. Mas confesso que tenho acompanhado tudo pelos jornais sul-africanos. Ela envolve sua segunda mulher, Nompumelelo Ntuli (MaNtuli). Para pôr o caso em perspectiva, temos que voltar um pouco e explicar quem é o tal do Zuma. O presidente da África do Sul é da etnia Zulu, o que significa que ele pode ter mais de uma mulher. E tem.

Quando eu era criança achava que poder ter mais de uma mulher era um negócio excelente, uma ótima ideia que deveria ser reproduzida pela sociedade brasileira. Hoje, acho que... deixa pra lá.

Exercendo seu direito proveniente da tradição, Zuma tem três mulheres. A segunda, MaNtuli, anda dando dores de cabeça para ele – se é que você entendeu a minha sutil piadinha. Desde que se casou com sua terceira mulher, Thobeka Madiba, MaNtuli está fazendo Zuma comer o pão que o diabo amassou. Ela reclamou publicamente que ele tem dado mais atenção à nova esposa e, para compensar, saiu torrando o dinheiro do pobre presidente Zulu. Como castigo, Zuma a mandou para a mansão do casal na praia de Durban. Foi pior: MaNtuli, descontrolada, teria tido um caso com seu segurança e estaria grávida do cara. Para piorar o escândalo, o segurança se matou (ou "foi suicidado", como dizem alguns por aqui).

Como todo mundo ficou sabendo disso? Alguém de uma das outras famílias (há vários suspeitos, já que só de "filhos oficiais" Zuma tem 21) mandou uma carta para os principais jornais do país contando toda a história. O presidente tem fugido de falar publicamente sobre o assunto e ainda pediu à imprensa respeito "à intimidade de sua família". Ué, mas não era ele que adorava aparecer em público com as três mulheres para exibir sua virilidade Zulu? Vai saber. Isso que dá querer se casar três vezes (ao mesmo tempo).

Como é que se diz "se casamento fosse bom não precisava de testemunha" em Cossa?

Constitution Hill
1 Kotze St. Braamfontein | T: (011) 381.3100
info@constitutionhill.org.za
www.constitutionhill.org.za

1Goal: Global Campaign for Education
26 Baker St., Rosebank 2132
info@join1goal.org | www.join1goal.org

United Nations Information Centre (Pretoria)
351 Schoeman St Metro Park Building 6th Floor
T: (012) 354.8505
Pretoria | www.un.org.za

10.6.2010

O SHOW DA COPA DO MUNDO COMEÇA NA VÉSPERA

Quando cobri a Olimpíada de Pequim e vi de perto monumentos do pós-modernismo como o estádio Ninho dos Pássaros e o complexo aquático Cubo D'Água, achei que dificilmente ficaria impressionado com outro gigante da engenharia esportiva. Como sempre, eu estava errado: o Soccer City, principal estádio da Copa da África do Sul, pessoalmente é de cair o queixo.

Sua construção é imponente e original, mas não foi isso que me chamou a atenção. Como sempre, o conceito fala mais alto que a estética: inspirado no calabash, típico pote onde os africanos (e as africanas, principalmente) misturam ingredientes culinários, o estádio pretende ser um "pote de culturas" da África. No lugar do fogo, as luzes de última geração vão "acender" o pote e dar início à festa, dia 11 de julho (também conhecido como "depois-de-amanhã").

> *Pensando bem, ao ver a importância que eles dão ao calabash, passei a entender a fixação por purês em geral. Eles devem amassar os legumes ou vegetais no calabash, e depois misturar com água. Não tente fazer isso em casa: eu certamente não tentarei.*

O estádio esteve aberto hoje para a imprensa porque os organizadores queriam divulgar o Kick-off Concert, também conhecido como "Show do Pontapé Inicial". Apesar do evento ter sido no Soccer City, que fica na entrada de Soweto, o show da véspera da abertura da Copa será no Orlando Stadium, esse sim, dentro de Soweto.

O evento, no próprio campo do Soccer City, foi basicamente uma apresentação informal de cada uma das atrações – algumas, como Shakira e Alicia Keys, (infelizmente) só vão chegar em cima da hora. Mas, para alívio dos jornalistas masculinos, havia outra beldade em campo: Fergie, do Black Eyed Peas. Além do quarteto americano, participaram do evento Angelique Kidjo (Benin), Blk Jks (África do Sul), Freshlyground (África do Sul), Hugh Masekela (África do Sul), John Legend (Estados Unidos), Juanes (Colômbia), K'Naan (Canadá-Sudão), Lira (África do Sul), Soweto Gospel Choir (África do Sul), The Parlotones

(África do Sul), Tinariwen (Touareg/Mali) and Vusi Mahlasela (África do Sul).

Eu conhecia apenas: Black Eyed Peas (banda da qual minha filha é fã, inclusive), John Legend (grande soulman-pop contemporâneo), Angelique Kidjo (ela estava no DVD "46664"), K'Naan (ele canta um dos temas da Copa e gravou uma parceria no novo disco do Keane, aliás, a pior canção do disco), Lira (gravou uma parceria com a brasileira Cláudia Leitte no disco oficial da Copa do Mundo) e o Soweto Gospel Choir (também do "46664"). No futuro bastante próximo, vou conhecer a banda sul-africana The Parlotones – o empresário deles me deu um CD. Pela foto, é um tipo de EMO da África do Sul (será que aqui também tem isso?). Depois eu conto, prometo.

Como comi muito mal ontem, resolvi me dar um presente: voltei com meus colegas do Estadão à Nelson Mandela Square para uma bistecona suculenta no Ghirardellis – afinal, ninguém é de ferro (só o Homem de Ferro, completaria um amigo meu). Para variar, troquei o vinho por uma Castle, a cerveja local.

Como é que se diz "saúde" em Zulu, em Sotho ou Cossa?

Só para deixar registrado, a Nelson Mandela Square estava lotada com torcedores do Bafana Bafana e mexicanos, os dois times que farão a abertura da Copa na sexta-feira. A praça lotada de torcedores foi o de menos: o insuportável foi aguentar as vuvuzelas. O negócio é sério, elas fazem tanto barulho que não deu nem para ouvir o que eu estava pensando. É uma pena imaginar que aquele estádio tão bonito vai se tornar um inferno quando 40 mil vuvuzelas começarem a soar. E tem gente que diz que heavy metal é barulhento.

Soccer City
Nasrec Rd., Stadium Ave. | T: (011) 242.2000 / 2499

10.6.2010

LEÕES FAZEM AMOR DURANTE UM SAFÁRI NA ÁFRICA

"Como assim, cinco dias na África e você ainda não viu nenhum leão?", perguntou um amigo em um e-mail, e ainda não descobri se ele estava falando sério ou não. Apesar de ele ser meio limitado (desculpa aí, Jorge), não posso culpá-lo totalmente. Sim, porque quando eu era criança, a palavra "África" era sinônimo de uma savana dourada, com horizontes a perder de vista... e vários leões. Essa imagem está na minha memória desde a infância, época em que eu devorava (com o perdão do trocadilho) uma coleção chamada "Os Bichos".

Já que estamos falando do passado, tenho que contar uma boa: eu e os caras do Viper, quando éramos crianças, tínhamos uma espécie de clubinho de animais, onde cada um representava uma espécie. Um gostava das aves de rapina, outro sabia tudo sobre os répteis. E eu era o especialista em felinos. Quantos anos a gente tinha? Ah, uns sete, oito. Tudo isso para dizer apenas que gosto de leões desde que me entendo por gente.

O e-mail do Jorge serviu apenas para despertar meu apetite (olha o trocadilho aí de novo) por esse lado da África, que anda meio escondido no meio de tanta excitação futebolística. Pois hoje é o dia de ver leões.

O principal lugar para ver leões ou qualquer outro dos "Big 5" – apelido da turma que compõe os animais que representam a África: leão, elefante, búfalo, rinoceronte e leopardo – é o Parque Nacional Kruger. É uma área de preservação gigantesca, com quase 20 mil quilômetros quadrados, ao longo da fronteira nordeste da África do Sul, limite com Moçambique. Lá é possível ver os Big 5 vezes 100, 1000, mas é um pouco longe de onde estou. Ainda não sei se conseguirei fazer um safári por lá, porque o ideal é ficar dois, três, quatro dias. Vamos ver.

Enquanto isso, aproveito a véspera da Copa para conhecer um dos vários parques que ficam nos arredores de Johannesburgo. Afinal, desculpe pela obviedade, mas eles também estão na África.

Há parques exclusivos de leões, outros com dezenas de elefantes. Liguei para meu novo melhor amigo de infância, Victor, e ele me aconselhou a ir ao Rhino & Lion Park, que, como o nome mesmo diz... tem rinocerontes e leões.

Entre as opções mais populares por aqui, vi dois parques meio esquisitos: a Crocodile Farm (nunca imaginei que existissem fazendas de crocodilos... será que eles dão leite?) e o Flea Market (imagina o tamanho das pulgas africanas).

Chegamos (eu e meu colega africano, Daniel Piza) ao parque no início de uma bela tarde de inverno, meio fria, mas com sol a pino. "Perfeito para ver leões", pensei, como se eu entendesse alguma coisa sobre eles, além do que havia na enciclopédia "Os Bichos".

"Querido visitante... CUIDADO! CUIDADO!"

Achei que era o cara tentando me avisar que tinha um leão atrás de mim, mas felizmente era só o texto de introdução do folheto que recebemos na entrada.

Daí vem o horário: "Portões abrem às 8h30 e fecham às 16h30". Olhei imediatamente no relógio e coloquei o alarme para 15h30. Vai que o Victor esquece a hora e a gente tem que passar a noite aqui...

O folheto segue encorajador: "Não abra sua janela mais do que 33%". E agora? Não sou bom de matemática! Não trouxe uma régua! E se eu abrir 34%, como vou sobreviver?

"Por favor não alimente os leões", continua o folheto. Eu adicionaria uma frase, só para garantir a segurança: "Inclusive não os alimente com nenhuma parte do seu corpo, por favor." Pode deixar. Se eu fosse o redator desse folheto, seria mais explícito: "Não alimente os animais: não saia do carro".

Entramos no parque no Mercedes do Victor (sim, eu fiz um safári de Mercedes... só faltou meu chapéu de caçador Gucci e minha bermuda cáqui Prada), e logo demos de cara com um bando de avestruzes. Daniel aproveitou para fazer uma piadinha: "te vejo mais tarde", ele disse, certamente lembrando do cardápio do Butchers Shop & Grill. E aí as piadinhas não pararam mais: "Sabe qual é o apelido daquela avestruz?

Jantar", e por aí foi. Todas nesse nível, ou seja... baixo.

Vieram então uns antílopes. Lindos. Rinocerontes? Vários, e são animais sensacionais: para esses verdadeiros dinossauros terem conseguido sobreviver ao tal meteoro, eles devem ser mesmo muito inteligentes (não parecem, mas devem ser). E os búfalos? Estavam ali, bem pertinho da gente.

Opa, mas cadê os leões?

Bom, se você fizer um safári dentro de um parque, ligue antes e pergunte em quais dias os animais são alimentados. No Rhino & Lion Park, eles ganham quilos de comida às quartas-feiras e domingos. Como hoje é quinta, eles estavam meio escondidos, dormindo e fazendo outras coisas que veremos a seguir.

Espera um pouco! Olha ali! Um casal de leões! Finalmente! Dois leões juntinhos, lindos e pertinho do nosso carro. Peraí... o que eles estão fazendo? Tire as crianças da sala.

A leoa estava meio dormindo, o leão chegou por trás, como quem não quer nada, e... bom, você pode imaginar. É incrível ver a natureza se eternizando.

Isso me fez pensar: Como é que se diz "uma rapidinha" no idioma dos leões?

Não vamos reclamar: Que bom que os leões fazem amor, não? Isso significa que quando minha filha Isabel visitar a África do Sul haverá um número muito maior deles. Apesar das brincadeiras, foi algo curioso e legal de ver. Digamos que, se a National Geographic tivesse um canal pornô, essa cena estaria no horário nobre. Mas o melhor, na minha opinião, ainda estava por vir. Deixe-me voltar no tempo um pouquinho: quando fui para a China, fiz questão de visitar o zoológico e ver de perto os pandas (essa cena inesquecível está no meu livro "Ping Pong", de 2008). Na época, meus amigos puseram em risco minha masculinidade, disseram que meu blog não deveria se chamar "Palavra de Homem", etc. Quando viram as fotos, até os mais machões não se aguentaram: "Ai, que bonitinhos!"

Dessa vez meu alvo foram os filhotinhos de leão. Por apenas 30 rands (menos de R$ 10, já que R$ 1 vale 4 rands), você pode segurar os leõezinhos no colo. Você acha que eu ia deixar para lá? Claro que não.

Segurar um filhote de leão no colo? Isso não estava nem nos sonhos mais loucos de um garoto de sete anos que amava os felinos. Mas quer saber? A gente tem dívidas a pagar com o passado, e hoje eu paguei uma delas.

Rhino & Lion Park
Kromdraai | T: (011) 957 0349
rhinolion@mweb.co.za | www.rhinolion.co.za

10.6.2010

O MUNDO ESTÁ DE VOLTA À ÁFRICA. E SOMOS TODOS BEM-VINDOS

Depois das feras africanas (e alguns leõezinhos fofinhos), hora de ver as feras do futebol (uau, alguém ainda usa o adjetivo "fera" para falar de um jogador?). Escola de Randburg, treino da Seleção Brasileira, mais de 800 jornalistas de todo o mundo na arquibancada.

Nunca vi o treino de uma seleção mundial, mas acredito que não deve haver outra como o Brasil. Os caras se abraçam, brincam um com o outro; é uma coisa meio boba, quase juvenil que, espero, tenha reflexo em campo. Estranhei, mais uma vez, não ver um treino com o time titular contra o reserva, para os titulares ganharem mais entrosamento. Mais uma vez eles jogaram "bobinho", fizeram treino físico e mais um rachão. Meus colegas especialistas dizem que esse tipo de treinamento serve para estimular o toque de bola rápido, a atenção ao jogo, o reflexo na elaboração da jogada. Se for para tudo isso, ótimo. Mas eu ainda gostaria de ver o time jogando completo, pelo menos uma vez antes da estreia.

Hoje foi o show de abertura da Copa do Mundo no Orlando Stadium, em Soweto. Por problemas no credenciamento (perdi o prazo porque achei que era um evento FIFA e, como tal, minha credencial daria acesso) fui obrigado a ver o show na TV. Fiquei com vontade de morrer, mas quem se mata na véspera da Copa do Mundo? E ainda mais com um ingresso na mão?

Tive que me contentar em ver no hotel o belo palco com a bandeira da África do Sul feita com luzes. Pensando bem, ver esse show comendo um filé de 450 gramas com batatas fritas e arroz não é o pior programa do mundo.

O show começou com a africana Lira, que fez parceria com Cláudia Leitte no disco oficial da Copa do Mundo, cantando *Pata Pata*, clássico da tradicional cantora africana Miriam Makeba. Na sequência, os dois homens mais poderosos do mundo hoje: Joseph Blatter, presidente da FIFA, e Jacob Zuma, presidente da África do Sul.

Sei que a maioria das pessoas odeia a FIFA e acha a organização uma empresa egoísta que só pensa em ganhar dinheiro, etc. Eu também tenho meus lampejos de raiva. Mas tenho que dar o braço a torcer: sim, eles ganham bilhões de dólares. Mas estão fazendo um evento tão grandioso que vai mudar para sempre a história do continente africano. Na minha opinião, a Copa do Mundo é a coisa mais importante que aconteceu na África em muitos séculos. Explico por quê: o resto do mundo sempre invadiu a África para saquear suas riquezas; desta vez a África é quem convida o mundo inteiro a deixar seu dinheiro aqui. A África é a anfitriã de Estados Unidos, Europa, América do Sul, Ásia, Oceania. O mundo inteiro junto, vendo o que os africanos são capazes de fazer. E o orgulho que isso tem gerado na sociedade local não tem precedentes, até porque a coisa pela qual as pessoas no mundo conheciam a África do Sul era algo negativo, o apartheid. E aí veio Mandela, com sua luz, iluminando o mundo, e trazendo a união para seu país. Ontem, na Mandela Square, milhares e milhares de pessoas vestiam as cores do país e tocavam as malditas vuvuzelas. O slogan dos Bafana Bafana é "unidos". E a mídia está sempre repetindo outro slogan, "você está sentindo? Está aqui", algo como se o povo pudesse sentir na pele o mundo inteiro reunido. Como disse Blatter durante seu curto discurso, "o futebol é muito mais que um esporte". É isso mesmo: negros e brancos estão entendendo, graças à Copa, que só a união levará o país para a frente. Ponto positivo para a FIFA, que apostou na África e agora colhe os resultados.

Na sequência dos discursos políticos, veio o pop perfeito do Black Eyed Peas. E o corpo perfeito da Fergie, se você me permite o comentário. Como eram muitos artistas, o BEP tocou apenas um pout-pourri de suas canções mais famosas. Quando surgiram os primeiros acordes de *I've Got a Feeling*, fiquei com vontade de aumentar o som e dançar sozinho no quarto – mas juro que me contive. (Sério. Ou não.)

A rainha da música africana Angelique Kidjo foi a próxima e, na sequência, veio um dos melhores momentos do show: ela convidou John Legend para cantar o clássico de Curtis Mayfield, *Move on up*. Foi uma escolha excelente, porque a música é incrível e Curtis foi um símbolo da luta pelos Direitos Civis e dos negros nos anos 1970. Talvez eu tenha dançado sozinho no quarto nessa hora também – você nunca saberá.

Parlotones foi bom. Eu achava que essa popular banda da África do Sul era meio Emo, porque eles usam maquiagem e umas roupas moderninhas. Mas foi uma boa surpresa: a maquiagem, na verdade, parece ser uma homenagem ao personagem Alex, de *Laranja Mecânica*, e o som é uma espécie de Coldplay africano. Legal.

Alicia Keys cantando *Empire State of Mind* foi outro momento emocionante do show. O maravilhoso hino de Nova York pós-11 de setembro, ao vivo, na África? O mundo pode dar certo, tem que dar certo. Bandeiras de vários países tremulando, uniformes de todas as seleções com as mãos para cima. O mundo pode dar certo, tem que dar certo. Emocionada, Alicia Keys trocou parte da letra; em vez de "New York" ela cantou alternadamente "Joburg", "South Africa", "World Cup". Maravilhoso, emocionante. O mundo pode dar certo, tem que dar certo.

Shakira fechou o show com seu som globalizado e um playback que estava evidente demais até para ela. Alguém sabe por que ela virou a cantora oficial das Copas do Mundo? Veja bem, não estou reclamando. Tenho um carinho por ela ("tenho um carinho" é bom) e acho suas músicas legais. Mas acho que ela acabou virando uma espécie de voz global porque é latina, canta em inglês e usa versões sexy de figurinos africanos. No show de hoje, por exemplo, ela estava vestida como uma leoparda colombiana. E também não estou reclamando nem um pouco disso, se é que você me entende.

Pouco antes, um músico africano apresentou um

convidado muito especial. Uma dica: em 1986, Miles Davis batizou um disco em sua homenagem. "Há dois tipos de homens na terra: os que promovem a guerra e os que promovem a paz. Esse homem é um dos que promovem a paz: arcebispo Desmond Tutu", anunciou o apresentador.

E Tutu entrou no estádio, vestido de torcedor dos Bafana Bafana e ovacionado pela multidão. Disse "bem-vindo" em várias línguas e emendou: "Esse é um sonho, um lindo sonho. Vocês estão sentindo? A África é o berço da humanidade, por isso recebemos todos os povos do mundo de braços abertos. Bem-vindos de volta!", disse, emocionado. "Devemos tudo isso a um homem", seguiu Tutu. "Nesse momento ele está em Joburgo e, se gritarmos bem alto, será capaz de nos ouvir: Neeelson Mandeeela! Madiiiba!"

E o povo foi ao delírio.

É incrível como Nelson Mandela é amado. Será possível não amar Mandela após conhecer um pouco de sua história? Madiba não é apenas um homem; ele representa a humanidade no que ela tem de melhor, mais bondoso, mais justo. Madiba hoje é o símbolo da África unida, o símbolo do mundo unido. Negros, brancos, europeus, orientais, latinos, australianos. Todos com os olhos voltados para a África. É o presente que Madiba está recebendo por tudo que fez pela humanidade: ver a África como anfitriã do mundo, unida, com a alma e o coração olhando para a frente. Como é que se diz "obrigado, Mandela" em Zulu? Essa eu fiz questão de aprender.

Ngiyabonga, Madiba.

11.6.2010

ONDE É QUE DESLIGA ESSAS MALDITAS VUVUZELAS?

Como é que se diz "trânsito infernal" em Zulu? Saímos do hotel quatro horas antes do início da festa de abertura da Copa do Mundo, e mesmo assim chegamos em cima da hora. Detalhe: o hotel fica a apenas 25 quilômetros do estádio Soccer City. Quando nosso coordenador aqui na África, Roberto Pontes, me disse que sairíamos às 10 da manhã para conseguir ver a festa, às 14h, achei que ele estava louco. Não: ele apenas está aqui há mais tempo que eu e conhece melhor o *hellburgo*, carinhoso apelido do ma-ra-vi-lho-so trânsito da cidade.

Enfim, estou dentro do Soccer City. Lindo, lindo. A maioria das 88 mil cadeiras do estádio são cor de laranja, e isso dá um belo contraste com as camisas verdes e amarelas da torcida da... África do Sul. É estranho, o estádio está lotado de amarelinhas, cor que também representa os Bafana Bafana. Desculpe, mexicanos, mas não dá para não torcer por nossos irmãos africanos. Ainda mais porque temos um brasileiro no banco dos africanos, o técnico Carlos Alberto Parreira. Endeusado por aqui, aliás.

A festa de abertura foi bonita, mas meio previsível. Representantes de todos os povos da África, bandeiras dos países, etc. Legal, mas já vimos isso antes. Lembra que eu falei que o Soccer City representa o calabash, um pote típico africano? Pois montaram um *Soccer Cityzinho* no meio do campo, e de lá saíram diversos artistas, cada um representando seu respectivo país. Bem, digamos que um dos países tinha um besouro (ou seria uma barata?) como símbolo, e daí, na minha humilde opinião, ver uma inseto gigante empurrando uma bola não é esteticamente a coisa mais excitante do mundo. Tudo bem: valeu a intenção, África. Mas onde é que abaixa o volume dessas vuvuzelas, mesmo? Imagine um milhão de pernilongos dentro do seu ouvido. Agora multiplique por 88 mil.

Se a vuvuzela é tocada por um cara que já tem netos, podemos dizer que ela é uma vovôzela?

Uma pequena decepção nesse dia de festa africana: Nelson Mandela não veio ao jogo de abertura. Sua bisneta Zenani morreu ontem em um acidente de carro, quando voltava do show no estádio de Orlando, em Soweto. Uma pena, uma ironia dos deuses do destino. Madiba merecia estar aqui.

Há outras autoridades, claro, entre eles a duplinha Blatter-Zuma, novos amiguinhos in-se-pa-rá-veis. Foi Zuma quem deu a notícia sobre Mandela; Blatter publicou uma carta no site da FIFA.

Acabo, inclusive, de receber a lista de personalidades que estão presentes aqui no estádio. E o próprio Zuma me chamou a atenção: a lista diz "Zuma e uma acompanhante". Mas quem será, já que ele tem três mulheres? Fiquei curioso. Seria divertido: um barraco transmitido ao vivo para bilhões de pessoas.

Estão aqui também os ex-presidentes Thabo Mbeki, antecessor de Zuma, e Frederik De Klerk, que compartilhou o prêmio Nobel da Paz com Mandela em 1993. Estão ainda o presidente do México, meu xará Felipe Calderon (será que em Zulu o nome dele seria "Felipe Calabash"?), o vice-presidente dos Estados Unidos, Joe Biden, o príncipe Albert, de Mônaco (com uma acompanhante), Winnie Mandela e suas duas filhas, e Naomi Campbell. Adivinha com quem a Naomi veio? Com um acompanhante.

Se não sabem ou não querem divulgar quem são os acompanhantes, para que dizer que eles vieram? Quem quer saber se essas pessoas estão acompanhadas?

Primeira partida da Copa, África do Sul e México: joguinho morno, 0 a 0 no primeiro tempo, até que... laduuuma!!!! Gol de Siphiwe Tshbalala, camisa 8 dos Bafana Bafana!

Como sou ingênuo: estava reclamando das vuvuzelas antes do gol dos Bafana Bafana. Agora, então, o negócio ficou ruim de vez. Parece que um milhão de pernilongos que cantavam no meu ouvido resolveram convidar a família inteira para a festa.

Pouco depois, a festa é interrompida por Rafael Marquez, camisa 4 do México. Laduma, muchachos! Fico imaginando a celebração na Cidade do México: "Margaritas de graça para todas las chicas".

Fim de jogo, 1 a 1. Tudo bem, Bafanas, em estreia em Copa do Mundo há sempre uma tensão a mais. Mas a festa foi bonita, isso é o que importa, e a África do Sul merecia ter vencido. Futebol é mesmo uma caixinha de vuvuzelas, quer dizer, de surpresas.

Como é que se diz "agora é bola pra frente" em Zulu?

12.6.2010

UMA BALADA NA ÁFRICA E UMA PROMESSA QUE ESPERO NÃO CUMPRIR

Apesar de não ter estreado com vitória, o clima foi de festa em Joburgo após o jogo dos Bafana Bafana. Acho que a expectativa do país era tão grande, que simplesmente não perder na estreia foi a melhor coisa que poderia ter acontecido com o time do técnico Carlos Alberto Parreira.

Acho que muitos africanos pensam que futebol é como rugby, já que eles entraram como zebras (com o perdão do trocadilho) na Copa do Mundo e acabaram vencendo a Nova Zelândia na final (lembra do filme "Invictus"?). Não, futebol não é como rugby, e eles não vão vencer essa Copa, ao contrário do que pensam por aqui. Não estou sendo pessimista, é que em Copa o que vale é a tradição, não a animação. Ninguém ganha a Copa no grito, muito menos na vuvuzela.

Confesso que acho um pouco de sacanagem a pressão que estão fazendo em cima dos caras. Digo isso porque os jornais publicaram manchetes exageradamente ufanistas: *Make us proud, Bafana Bafana* (Nos deixem orgulhosos, Garotos), *United for Bafana* (Unidos pelos Garotos), e outras do tipo. É legal torcer e sentir que isso pode unir o país, o que é totalmente elogiável e sou o primeiro a admirar. Outra coisa é sonhar com uma final entre Brasil e África do Sul. Simplesmente isso não vai acontecer. Se eu estiver errado, atravesso correndo o Rhino & Lion Park vestido de zebra e tocando o hino do Brasil com uma vuvuzela.

Voltando ao clima em Joburgo, o fim dessa "ansiedade de primeiro jogo" trouxe animação a vários bairros da cidade. Acabei entrando nessa e decidi que já era mais do que hora de conhecer uma balada de verdade.

Após uma série de pesquisas informais (não me pergunte o que é isso), eu e alguns amigos decidimos nos arriscar pelo bairro de Rosebank, onde funcionam vários bares e clubes. Primeira parada: Latinova, uma casa noturna no primeiro andar de um prédio cheio de baladas.

Sexta-feira à noite, tempo agradável, clima de Copa. É claro que o lugar estava lotado. E o que é melhor: havia uma festa da MTV. Nossa saída foi jogar o velho papo "Brasil, Kaká, Robinho, blá blá blá", o que incrivelmente acabou dando certo. Fomos considerados VIPs e entramos de graça.

Quer saber como é uma balada na África do Sul? Igualzinha a qualquer outra em uma grande cidade do mundo. DJ tocando raps *american style* (tipo R. Kelly, artista muito famoso por aqui); pista lotada, gente se amontoando na área externa para fumar. O que é um pouco diferente, obviamente, é que a esmagadora maioria das pessoas aqui é negra, o que não acontece em uma balada no Brasil, nos Estados Unidos ou na Europa e que faz com que você sinta na pele o que é ser minoria.

Apesar da presença de alguns estrangeiros caricatos (mexicanos vestindo aquelas máscaras ridículas de luta livre, holandeses com o rosto pintado), me senti completamente invisível. Foi o mesmo na China ou Japão, países onde eu também saí à noite e me senti um pouco excluído. Algumas vodkas depois, porém, eu já estava dançando tão bem quanto o Snoop Doggy Dog.

Foi engraçado ver que a festa da MTV tinha uma micro-área VIP em cima do palco composta apenas por um sofá e uma poltrona. Estava ali o ex-jogador Ronald De Bôer, hoje membro da delegação holandesa, e um casal de amigos. Em cima de uma mesinha, uma caixa com energéticos e refrigerantes. Mas em um baldezinho escondido do lado do sofá, vi uma garrafa de vodka Belvedere que o Ronald ficava colocando no copo de vez em sempre. E aí, Ronald, pensou que ia enganar alguém?

O Latinova é um lugar sofisticado e para pessoas elegantes, o que é a prova de que há, sim, uma classe média alta de negros em Joburgo. Claro que um clube com capacidade para 500 pessoas não é significativo em termos de amostragem, mas essa geração de negros bem sucedidos poderia ser vista em toda a região do Rosebank, com garotas exibindo bolsas Prada e casacos de oncinha Roberto Cavalli. O figurino, de maneira geral, é algo que me chamou a atenção: aqui não há receio de abusar das cores vivas, peles de animais ou acessórios nababescos. Tudo com muito estilo e atitude, bem legal.

Saindo do Latinova, descemos para o Moloko, no térreo do tal prédio. O Moloko me pareceu ser uma balada mais voltada para os moradores de Joburgo, já que não vi turistas ou brancos. Sério: eu era o único branco de um clube com cerca de 300 pessoas. Não senti nenhum tipo de animosidade, ao contrário do que tinham me falado no Brasil. Tomei uma cerveja, ouvi mais um pouco de rap e vi algumas garotas rebolando em cima do balcão. Nada mais normal.

Ao lado do Moloko fica o Rendez-vous Cafe, o lugar mais legal dos três. Quer dizer, não dá muito para comparar porque ele não é exatamente uma balada: é uma espécie de *lounge*, com gente conversando em sofás e poltronas, ouvindo música eletrônica enquanto degusta Dry Martinis. Me identifiquei mais com esse lugar, apesar de também ser o único branco lá dentro. Acho que a típica balada por aqui consiste em conhecer uma garota no Latinova ou no Moloko e levá-la ao Rendez-vous Cafe para um papo mais íntimo. Ou o contrário: tomar um drinque no Rendez-vous e ir para uma das outras baladas balançar o esqueleto. Há ainda outra alternativa: se render ao cansaço e ir embora sozinho.

Foi isso que eu fiz. Na rua, fui abordado por um cara que me perguntou se eu queria um táxi. O bom senso diria que eu devia ligar para o Victor e pedir para ele vir me buscar, mas o carro dele tinha um luminoso no capô e até parecia mesmo com um táxi. Como estava muito cansado, resolvi dizer "yebo" (sim).

Quando já estava dentro do carro, notei que ele não tinha um taxímetro. Falei o endereço e perguntei quanto seria a corrida, e o cara me respondeu um preço bem abaixo do que eu imaginava. Fiquei feliz durante mais ou menos um segundo e meio, até que me veio a ideia de que ele poderia querer me levar para algum lugar escondido e me roubar, técnica sobre a qual eu havia sido alertado no Brasil.

Foi quando olhei para o rosto do taxista: ele era a cara do Mike Tyson. E falava com aquela mesma vozinha, baixa, calma (típica de caras muito tranquilos ou psicopatas). Pensei: estou frito (pensei outra coisa, mas esse é um livro familiar). Ele ligou o carro e saiu rapidamente, sem me dar tempo hábil para abrir a porta e me jogar na sarjeta para salvar minha vida. Ou, pelo menos, minha carteira.

Já fui puxando logo papo, para ele pensar que eu era um cara legal e me deixar pelo menos sair com vida. "Bafana Bafana? Eu amo esses caras", disse, animado. Ele nem deu bola. "Brasil, Kaká, Robinho, blá blá blá". Nada, nem um sorriso. Daí comecei a mandar todas as palavras que aprendi até agora em Zulu. Se lembro bem, minha frase deve ter soado assim: "Como vai legal sim garoto pote africano Nelson Mandela tudo bem?"

Não sei por que, mas ele não entendeu. E continuou quieto.

Ele reduziu a marcha e passou por cima de um obstáculo, e foi aí que meu medo virou terror. Quando ele desceu da lombada, ouvi um barulho de alguma coisa no porta-malas. Pensei: o cara está levando um corpo ali. E o meu vai ser o próximo. Minha filha tem apenas três anos e já vai ficar órfã, coitada. Para quem vou deixar minhas guitarras? Ah, meu irmão cuida disso. Puxa, não vou nem ver o jogo do Brasil na terça-feira?

É, parece que não. Pena.

Quando eu menos esperava, o cara encostou no portão do meu hotel. *"It's here"*, ele disse. Paguei e gaguejei um "ngiyabonga", obrigado. Para comemorar que ainda estava vivo, pensei seriamente em sair correndo pelo Rhino & Lion Park vestido de zebra e tocando o hino do Brasil com uma vuvuzela.

Latinova
Loja 19, 160 Jan Smuts Ave, Rosebank
T: (011) 447.1006
latinova@telkomsa.net | www.latinovasa.com

Moloko / Rendez-vous Cafe
160 Jan Smuts Ave, Rosebank | T: (082) 458.0675
moloko1@telkomsa.net | www.molokojoburg.com

13.6.2010
UMA COMIDINHA BÁSICA DO DIA A DIA

Sempre que escrevo sobre alguma experiência gastronômica, digamos, exótica, as pessoas me perguntam se o tal prato é parte da culinária local ou se é algo feito apenas para turistas. Foi assim na China, quando quase me crucificaram quando experimentei carne de cachorro. Expliquei que aquelas barraquinhas ficavam em uma área turística de Pequim, mas que as pessoas realmente comiam cachorro no interior da China, e que isso era culturalmente aceitável.

Joburgo é uma cidade cosmopolita, por isso a maioria das pessoas come coisas "normais" a maior parte do tempo. Há restaurantes italianos, churrascarias com sistema de rodízio parecido com o brasileiro, frutos do mar trazidos fresquinhos de fornecedores da Cidade do Cabo.

Dito isso, posso contar que hoje almocei carpaccio de crocodilo, seguido de linguiça de avestruz e medalhões de gazela e antílope.

Foi no restaurante Lekgotla, na velha e boa Nelson Mandela Square. Se é um restaurante voltado para turistas? Eu diria que sim. A começar pela roupa dos funcionários, todas feitas de peles de animais. Há até um grupo de percussão africana tocando na porta do lugar. Dá para ser mais turista? Dá: uma sul-africana loirinha de minissaia e botas de zebra surgiu no final da refeição oferecendo taças de Amarula, licor tipicamente sul-africano com sabor de chocolate.

Segundo o verbete de Amarula na Wikipédia, a bebida é um licor preparado a partir do creme ou da fruta da marula, que vem da árvore africana maruleia, conhecida como "árvore do elefante" ou "árvore do casamento".

Não sei ao certo qual é a relação entre elefante e casamento, mas me contaram por aqui que o cara que descobriu a fruta da marula era casado com uma gordinha.

Lekgotla
Loja 10 Sandton City, Nelson Mandela Square
T: (011) 884.9555
info@lekgotla.com | www.lekgotla.com

13.6.2010

UM MUSEU PARA LEMBRAR QUE SOMOS TODOS AFRICANOS

Domingão de sol, nenhum jogo muito importante da Copa, hora de ligar para o Victor vir me buscar para mais um passeio pelos arredores de Joburgo. O destino hoje é o Gold Reef City, parque temático construído ao redor de uma mina de ouro explorada por quase 100 anos, de 1887 a 1971.

Liguei para o Victor e ele me deu o cano. Disse que não poderia me levar porque já tinha outro passageiro. Tudo bem, Victor. Eu já estava pensando "vai ter troco", vingancinha, quando ele disse que daria um jeito de mandar outro cara para me levar. Fiquei mais tranquilo, já que Victor é totalmente de confiança. No horário combinado, encosta outro carro (mais um Mercedes, *yes*!) com o colega do bom e velho Victor.

Kunjani?, perguntei, caprichando no sotaque da expressão "como vai". O cara ficou impressionado e começou a responder em Zulu, e obviamente não entendi nada. Expliquei que só sabia meia dúzia de palavras, e ele falou um pouquinho de inglês antes de se calar completamente. *What"s your name?*, emendei, para quebrar o silêncio no carro.

Jealous. Jealous, em português, quer dizer "ciumento". Perguntei se era realmente o nome dele ou apenas apelido, mas ele garantiu que era de verdade, até me mostrou o crachá. O cara se chama, sei lá, Jealous Smith, Ciumento da Silva, algo assim. E foi aí que me lembrei de uma história que o Victor havia me contado antes e que esqueci de contar para você.

Ele me disse que é muito comum na África batizar crianças com nomes ligados ao período da gravidez. Ele me deu como exemplo o nome *Miracle* (milagre), que um sobrinho tinha recebido após a gravidez problemática de uma prima dele. Pedi outros exemplos, e ele me disse que conhecia uma garota chamada *Suffering* (sofrimento). Achei de extremo mau gosto batizar uma criança com um nome desses, e falei isso para ele. Victor defendeu sua cultura, dizendo que a mãe havia sofrido muito, etc. Retruquei defendendo a garota, coitada, só porque a mãe sofreu quer dizer que ela também vai ter que sofrer levando esse nome para o resto da vida? Sacanagem dos pais, isso sim. E se a mãe tivesse uma diarreia durante a gravidez, qual seria o nome da criança? Deixa pra lá.

No final, Victor até concordou comigo, e partimos para outro assunto. Mas por que eu estava falando disso, mesmo? Ah, porque o motorista que veio me buscar se chamava Ciumento da Silva.

Sei que o bom senso e o respeito me diriam para não tocar no assunto, mas fechei o ouvido para ambos. "E aí, Jealous, por que você tem esse nome?", perguntei curioso, com a melhor das intenções. Ele levou numa boa, e disse que tinha uma história de ciúme na família. Fiquei quieto imaginando uma teoria psicanalítica para a história, talvez o pai tivesse ciúme da própria relação do filho com a mãe, sua mulher; talvez o garoto tivesse uma irmã mais velha que não queria dividir o amor dos pais com uma criança. Pensei em várias hipóteses, mas finalmente minha curiosidade não aguentou e eu acabei perguntando qual era a história.

"Minha mãe ficou com ciúme porque meu pai tinha outra namorada quando eu nasci." Isso é para eu aprender a ficar quieto. Eu e minha boca grande.

Ciumento da Silva nos deixou na entrada do Gold Reef City, onde uma das atrações mais interessantes de Joburgo me esperava. Antes de entrar no parque, visitei o Apartheid Museum, um museu impressionante. Já aviso logo de cara que não é um museuzinho leve, com pecinhas de arte coloridinhas e esculturinhas bonitinhas. É tudo muito duro, cruel. O que os negros passaram na mão dos Bôeres é algo que nunca mais pode se repetir em nenhum lugar do mundo.

O museu conta a história da origem da África do Sul, sua miscigenação de povos (eu nem sabia que havia tantos indianos por aqui), suas origens. E daí explica que a opressão e o racismo começaram a ficar ainda maiores depois da descoberta de ouro no fim do século 19, justamente na região de Johannesburgo (40% do ouro do mundo vem dessa região: é por isso que chamam a cidade de "Egoli", "Lugar do Ouro"). O racismo começou a piorar, piorar, até que em 1948 o regime do Apartheid foi oficialmente criado.

O museu é rico em vídeos, fotos, registros históricos. E ainda tem uma exposição temporária que o torna ainda mais incrível: a vida de ninguém menos que Nelson Mandela. Madiba, para os íntimos.

> *Graças à exposição, descobri que o nome do clã de Mandela, Madiba, significa "reconciliador", literalmente "aquele que preenche os vazios". Pode-se dizer, aliás, que Nelson Mandela tem diversos nomes. Rolihlahla é seu nome de batismo e significa "o que puxa o galho de uma árvore", ou "aquele que perturba a ordem estabelecida"; Mandela era o nome do avô do líder sul-africano, que acabou se tornando o sobrenome da família durante a era colonial; Nelson foi o nome inglês dado ao garoto no primeiro dia de aula; Dalibhunga foi o fundador do parlamento africano, nome do meio que Mandela recebeu quando virou adulto. Ou seja, seu nome oficial Nelson Rolihlahla Dalibhunga Mandela. Madiba, para os íntimos.*

Ao conhecer um pouco melhor a vida de Mandela, percebi como ele é realmente um personagem único na história da humanidade. E como o preconceito e o racismo são doenças que têm que ser exterminadas da face da Terra de uma vez por todas, não importa se a discriminação é de origem racial, social, religiosa ou qualquer outra desculpa que tiranos inventam para oprimir minorias (ou maiorias, no caso). Somos todos iguais, somos todos africanos, como disse Desmond Tutu. Em uma época de ídolos tão vazios e superficiais, é uma dádiva de todos os deuses saber que existe um herói entre nós.

Amandla, Madiba.

Depois do sensacional Apartheid Museum, seria difícil o parque Gold Reef City me impressionar. E não me impressionou mesmo: há atrações bonitinhas como a maior roda gigante da África, brinquedos que simulam o período de 1890, era do ouro na África do Sul. Dizem que o passeio até uma mina de ouro subterrânea desativada é muito legal, mas não tive coragem de ir. Eu? Descer a 200 metros em um elevadorzinho tosco e ficar com toneladas de terra sobre a minha cabeça? Deixa pra lá. Não sou exatamente claustrofóbico, mas nem todo o ouro do mundo me faria esquecer a aflição de imaginar que não seria possível sair de lá imediatamente, mesmo se por acaso um pouquinho de terra começasse a deslizar sobre a minha cabeça.

Domingão de sol, lembranças sombrias do Apartheid Museum na cabeça... Quem quer saber de ouro quando se pode dar uma voltinha na roda gigante?

Apartheid Museum
Northern Parkway & Gold Reef Road, Ormonde
T: (011) 309.4700
info@apartheidmuseum.org
www.apartheidmuseum.org

Gold Reef City
Gold Reef Road | T: (011) 248.5000
info@goldreefcity.co.za | www.goldreefcity.co.za

14.6.2010

MELROSE ARCH: MEU NOVO LUGAR FAVORITO EM JOHANNESBURGO

Pela quantidade de vezes que citei a Nelson Mandela Square, você já deve ter percebido que estou ficando meio cansado de lá. Não exatamente cansado, talvez enjoado de ir praticamente toda noite ao mesmo lugar. Além disso, por ser um lugar onde torcedores de todos os países se reúnem, é duro admitir que o barulho das vuvuzelas transformou a praça em um inferno sonoro, onde é impossível sequer trocar algumas palavras com alguém sentado do outro lado da mesa.

É claro que Joburgo é uma metrópole e, como tal, oferece diversas opções gastronômicas além da Madiba Square (olha a intimidade). Mas pode-se dizer que, apesar de enorme, a cidade tem apenas algumas áreas meio isoladas onde estão concentrados os locais e programas mais atrativos. Pelo pouco que vi até agora, deu para perceber que os restaurantes, bares e casas noturnas funcionam pertinho uns dos outros, criando espécies de bolsões de entretenimento e serviços frequentados principalmente pela classe média branca.

Não sei se essa lógica nasceu como consequência da questão da segurança, embora eu possa apostar que sim. São áreas mais nobres da cidade, onde prevalece um certo clima de cidade europeia. Não há muros, não há policiamento ostensivo. Mas são lugares aparentemente bastante seguros, pelo menos foi essa a minha impressão. Se eu for assaltado em algum deles, volto aqui e retiro tudo que disse.

Um desses locais é o Melrose Arch, quadrilátero com diversos restaurantes, mesinhas na rua e lojas de luxo. Durante a Copa do Mundo, há também um telão de alta definição que atrai bastante gente ao local, inclusive um monte de brasileiros com chapéus ridículos e bandeirinhas do Brasil pintadas nas bochechas.

Como estava perto da hora do almoço e a segunda-feira era mais um lindo dia de sol a pino, sem nuvens, sentei numa mesinha ao ar livre do restaurante Moyo e pedi uma Castle gelada. Como é que se pede uma cerveja em Zulu? Não tenho a menor ideia. Até porque eu estava com tanta sede que não ia aguentar esperar alguém me ensinar.

Para acompanhar a Castle, a garçonete do Moyo me trouxe o couvert, uns pãezinhos acompanhados por uns molhos esquisitos, que até agora não descobri direito o que eram. Quer dizer, um deles não era tão difícil de reconhecer, até com o meu escasso conhecimento gastronômico eu adivinhei. Era azeite. Os outros eram mais difíceis: um deles tinha alho como principal ingrediente, outro tinha pimenta. Ou seja, eu não queria, mas a gastronomia africana me obrigou a pedir mais Castles para rebater o ardido.

O Moyo é um restaurante estiloso, "um clássico urbano onde é possível viver uma sofisticada experiência africana" (palavras do folheto que estava na mesa). Não está errado, não: o cardápio tem pratos de várias regiões da África, com a descrição dos ingredientes e tudo mais. Carpaccio de antílope? Nah, já comi carpaccio outro dia. Pedi então uma entrada bastante comum: almôndegas de cordeiro marroquino ao molho africano. O que é molho africano? Só descobri quando chegou, mas estava muito bom. Acho que a cada dia é oferecido um sabor diferente, exclusivo, dependendo do que sobrou da noite anterior. Como prato principal, pedi um cheeseburger de algum animal chamado Vrystaad. Até hoje não sei o que é. Pensando bem, acho que é melhor continuar sem saber. Ainda estou respirando, o que não deixa de ser um bom sinal.

O Melrose Arch também tem galerias de arte com obras de interessantes artistas locais. Do pouco que vi, destacaria o fotógrafo Clint Strydom, que tem um belo trabalho em preto e branco inspirado em futebol chamado "The Real Heroes". Suas imagens retratam silhuetas de crianças jogando bola recortadas sobre um fundo branco, com um contraste radical e visual bastante dramático. Como ele passou a vida inteira em uma área rural, KwaZulu-Natal, seu trabalho invariavelmente retrata o dia a dia de pessoas simples. Por isso, o futebol é um tema bastante natural, afirmou o fotógrafo em seu site.

Apetite satisfeito, hora de voltar para o hotel para ver alguns jogos da Copa. Sabia que passar o dia longe de "casa" me deu uma saudade danada da Nelson Mandela Square?

Melrose Arch
www.melrosearch.co.za

Moyo Melrose Arch
Loja 5, The High St. | T: (086) 100.6696
info@moyo.co.za | www.moyo.com

15.6.2010

BRASIL VENCE A COREIA DO NORTE EM UM JOGO FRIO. FRIO MESMO: ZERO GRAU NO ESTÁDIO

Dia de jogo do Brasil começa cedo: às dez da manhã estou saindo no ônibus que vai para o Ellis Park, palco da estreia contra a Coreia do Norte. O jogo é só às oito e meia da noite, mas tudo bem: é sempre uma experiência interessante passar o dia no Media Centre, vendo os jogos preliminares no telão de alta definição e trocando ideias com jornalistas de todo o mundo (há dois húngaros ridiculamente engraçados na minha frente, parecem o Gordo e o Magro e só fazem besteiras, derrubam bebida na mesa, etc).

Jabulani time, hora da festa: Estou sentado na tribuna de imprensa, um confortável cantinho na arquibancada com TV de plasma, mesinha e acesso à internet. Ué, eu não sabia que a Coreia do Norte tinha torcida... eu vi pelo menos meia dúzia no telão. Aposto que vão pedir asilo político após o jogo – provavelmente junto com os 23 jogadores. Só para constar, será que existe algum jogador norte-coreano cujo nome não termina com "K"?

Vuvuzelas enlouquecem. E o Brasil entra em campo!

É uma sensação incrível ouvir o hino do Brasil no exterior, ainda mais em um jogo da Copa do Mundo. Dá um orgulho de alguma coisa que não sei muito bem como definir – não quero usar a palavra "patriotismo", muito desgastada. Nem sempre conseguimos encontrar palavras para definir os sentimentos, e é bom que seja assim.

Torcida brasileira canta, mas o primeiro tempo acaba em um 0 a 0 enfadonho. Aos cinco minutos do segundo tempo, porém, o lateral-direito Maicon acerta um chute no cantinho (ele tentou cruzar, mas tudo bem) e abre o placar: Brasil 1 X 0 Coreia do Norte. É pouco!

O segundo gol brasileiro sai de um passe maravilhoso de Robinho para Elano, lembrando os velhos tempos em que jogavam juntos: 2 a 0. Pouco depois, sai o gol da Coreia do Norte: Ji Yun Nam acerta no canto de Júlio César. O Brasil tomou um gol da Coreia do Norte? Sério? Sim. Pense pelo lado bom, vamos contribuir para salvar onze vidas: com esse gol, provavelmente o time não será fuzilado pelo Kim Jong-Il quando voltar para casa.

Estádio Ellis Park
Charlton Terrace, Bertrams Road, Miller St.
T: (011) 503.2000 / 2499

16.6.2010

HOMEM DAS CAVERNAS: MUITO PRAZER, AUSTRALOPITHECUS AFRICANUS

Australopithecus Africanus, que significa "macaco do sul da África", era na verdade um hominídeo que andava sobre duas pernas e tinha mãos e dentes parecidos com os dos humanos de hoje. Ele tinha cérebro pequeno, nariz achatado e maxilar proeminente. Diferentes variações da espécie viveram na parte leste e sul da África entre 4 e 2 milhões de anos atrás.

Hoje eu passei o dia na casa deles.

O sítio arqueológico formado pelas Cavernas Sterkfontein fica em uma das regiões da África conhecidas como "Berço da Humanidade". É uma área de 90 quilômetros quadrados onde foi descoberta a *Australopithecus* (não seria *Australopithecas*?) mais famosa da história, a Mrs. Ples. Muitos cientistas defendem a teoria de que a simpática Senhora Ples é um dos elos mais representativos entre o macaco e o homem. Ou a mulher, no caso.

É um lindo passeio, cheio de estalactites (formações rochosas que se formam no teto das cavernas) enormes e perfeito para quem não sofre de claustrofobia. Lembra que eu tive medo de descer numa mina subterrânea de ouro? Pois aqui não tive a menor dificuldade de me meter numa caverna e descer 100 metros por vias escuras, apertadas e... claustrofóbicas. Mas isso foi uma boa notícia: não me incomodei nem um pouco, portanto isso prova definitivamente que não sofro disso. Ufa. Imagina não poder andar de elevador?

Sempre achei a evolução um assunto fascinante, e sou obcecado pelo comportamento sócio-biológico dos grandes primatas. Essa frase pode parecer pedante, como se eu fosse algum tipo de cientista excêntrico, mas na verdade é o contrário: adoro constatar que nosso comportamento é exatamente igual ao dos macacos. Se alguém duvida, sugiro a leitura do clássico *Macaco Nu*, de Desmond Norris.

Voltando à minha obsessão, você sabe que qualquer mania leva à autoindução, não é? Pois bem: fui um dos últimos a sair da caverna porque estava fazendo um vídeo para a TV Estadão. Qual não foi minha surpresa quando, andando em direção à saída, uma verdadeira luz no fim do túnel, tropeço em alguma coisa estranha. Peraí, o que é isso? Olhei para o chão e vi algo que parecia um crânio humano. Voltei a ligar a luz da câmera e tentei achar o objeto, com o coração praticamente saindo pela boca. Como é que nenhum pesquisador viu isso antes? E numa trilha para turistas! Pensei em chamar o guia, mas ele estava meio longe. Não havia ninguém para compartilhar da minha inacreditável descoberta científica. Foi aí que a luzinha da câmera iluminou o chão e percebi que o objeto era apenas uma pedra parecida. Mas que parecia com um crânio, ah, isso parecia.

Corri para me juntar novamente ao grupo e não comentei com ninguém minha ridícula descoberta frustrada. Se você conhece alguém que estava naquele grupo, por favor, mantenha segredo.

Saindo de um passeio desses, nada melhor do que lembrar que somos carnívoros e que a espécie humana está no topo da cadeia alimentar. Que tal mais um almocinho no Moyo, um restaurante cujo segredo está... no Moyo? *Let's go.*

Joguinho no telão, taça de vinho na mesa. Para provar que sou realmente um caçador, peço um carpaccio de antílope. Tudo bem, não fui eu quem cacei o bicho, mas você entendeu a mensagem. E o antílope também.

Não gostei muito, uma carne bem vermelha e de sabor meio forte. Pedi logo um bifão e mostrei mais uma vez para esses bichos africanos quem é que manda no mundo animal.

No meio do almoço, um passarinho pousou em cima da mesa. E daí, como estou bem no meio de uma verdadeira torre de babel de idiomas, me veio à cabeça uma ideia incrível: será que os animais têm sotaque? Deixa eu explicar, juro que não virei a garrafa inteira de vinho de uma vez. É que, ao ouvi-lo cantar, fiquei imaginando se uma espécie parecida de passarinho que ouvisse esse som no Brasil reconheceria imediatamente o que o colega africano estava dizendo. Será? Será que existe algum estudo sobre o assunto? Será que o latido de um cachorro brasileiro é igual ao de um cachorro europeu? Será que um elefante brasileiro consegue se comunicar com um primo africano? Será que eu bati a cabeça na caverna e isso tudo é uma grande bobagem?

Enquanto pensava nesses assuntos profundos, sofri um pequeno acidente: a mesa do almoço se soltou e caiu em cima do meu dedo. Calma, gente, não foi nada de mais. Um pequeno corte que não fez nem cócegas em um *Australopitheco* macho como eu. No entanto, o bom senso mandou que eu comprasse um band-aid na farmácia e conservasse a área higienizada, etc. Entendo tanto de primeiros-socorros quanto de arqueologia, como se vê.

Ao chegar no hotel, pedi a chave na recepção e a funcionária perguntou se eu tinha machucado o dedo. "Não, coloquei o band-aid porque é moda no Brasil", fiquei com vontade de dizer. Mas fiz melhor: disse para ela que tinha ido ao Lion's Park e tentado dar um pedaço de carne para um dos leões que chegaram perto do carro. Ela ficou meio maluca e começou a falar em Zulu com a colega, como se eu fosse o cara mais corajoso do mundo. Fiquei com pena de decepcioná-la e contar a verdade sobre o acidente com a mesa, portanto só vou fazer isso amanhã de manhã. Até lá, deixa ela achar que sou o *Australopitheco* mais destemido da África do Sul.

Cavernas Sterkfontein
www.cradleofhumankind.co.za | T: (014) 577.9000
info@maropeng.co.za | www.maropeng.co.za

17.6.2010

PEQUENO DICIONÁRIO ZULU-PORTUGUÊS.
E UMA NOVELA ESCANDALOSA

"Sawubona, sesi!"
"Sawubona, buti. Kunjani?"
"Ngikhona ngiyabonga. Bafana Bafana ayoba, né?"
"Sharp sharp!"
"Amandla Bafana Bafana!"
"Yebo, awethu!"
"Ngiyabonga, sala kahle sesi."
"Sala kahle, buti."

Tradução Zulu-Português:

Homem: "Olá, irmã!"
Mulher: "Olá, irmão. Como vai você?"

Homem: "Muito bem, obrigado.
O time da África do Sul é legal, né?"
Mulher: "É, tudo bem!"
Homem: "Poder para o Bafana Bafana!"
(puxando o saco)
Mulher: "Sim, o poder é nosso!"
Homem: "Obrigado, irmã, até mais."
Mulher: "Até mais, irmão."

Acredite se quiser, o diálogo acima foi travado entre esse neo-Zulu que vos fala e a garçonete que serve o café todas as manhãs no hotel. Já devo ser conhecido como o cara simpático (ou o chato, para alguns) que fica tentando aprender Zulu enquanto eles querem trabalhar. Toda vez que encontro um funcionário local, vou soltando logo uma palavra em Zulu. Pelo menos um sorriso eu arranco: imagino que aconteceria o mesmo se um gringo engraçadinho chegasse no Brasil e ficasse falando "e aí, beleza?" para todo mundo.

Aqui no hotel também devo ser conhecido por fazer perguntas sobre minha novela africana favorita, *Scandal!*. Por que a novela ganhou esse nome "Porque só tem escândalos", explica a garçonete, com profunda sabedoria. (Como é que se diz "dã" em Zulu?) É engraçado ver as novelas daqui porque a maioria dos diálogos entre os personagens mistura três línguas: inglês, africâner e Zulu – pelo menos é o que parece aos meus ouvidos. Com exceção do inglês, os personagens que falam outras línguas são auxiliados por legendas escritas em letras garrafais.

É surpreendente imaginar que um país pode ser unido mesmo tendo onze línguas oficiais, mas parece que a África do Sul está conseguindo. A maioria das pessoas fala inglês e mais duas ou três línguas, geralmente Zulu ou Sotho e alguma outra, provavelmente ligada à origem da família. Isso me fez perceber como às vezes somos provincianos no Brasil: quando um europeu diz que fala quatro ou cinco línguas, ficamos impressionados; aqui grande parte da população é fluente em um número até maior de idiomas e ninguém fica se achando.

Voltando aos escândalos, vi pouquíssimos capítulos (não aguentei nem um inteiro, para falar a verdade), mas já captei toda a trama – ou, pelo menos, o que se passa no núcleo principal. O cenário é a redação de um jornal sul-africano, onde as contradições do país são expostas de maneira caricata e cheia de clichês, o que, aliás, é comum em qualquer novela.

Há a diretora do jornal, branca, 40 anos, vilã que só pensa em vender jornais, mesmo às custas de um "jornalismo de qualidade"; há o editor-chefe, negro, 50 anos, guardião do velho e bom jornalismo e que sofre para entender as novidades tecnológicas da mídia online; há o repórter babaca, 25 anos, branco, que chega à redação com a cara pintada com as cores do Bafana Bafana e leva bronca do editor-chefe; há o repórter investigativo, branco, 35, galã, profissional respeitado pelos colegas e que, se não me engano, será assediado pela diretora-vilã (isso não aconteceu ainda, é só um chute. Ele resistirá e será demitido, mas depois descobrirá um caso importante e será readmitido como substituto da diretora-vilã, blá blá blá); há a assistente do editor-chefe, negra, 30, bonita e disposta a ensiná-lo (em segredo, para não ficar chato) como acessar a internet e outras coisas "dificílimas"; há o jornalista respeitado, negro, 45, acusado de ter matado a mulher (ele será inocentado no final, aposto). O cara está internado no hospital, mas ainda não descobri por quê.

Como é que se diz "a seguir cenas dos próximos capítulos" em Zulu? Não tenho a menor ideia. Qualquer dia eu tento ver um capítulo de *Scandal!* até o final e aprendo.

19.6.2010

FUTEBOL 3D E A BALADA MAIS CAÓTICA DA ÁFRICA DO SUL

Depois de alguns dias frequentando a região de Melrose Arch, me bateu uma pequena saudade da velha e boa Nelson Mandela Square, local onde eu e meu estômago passamos bons momentos no início da viagem.

Nada mais justo, portanto, do que comemorar a chegada da sexta-feira (como se os dias da semana fizessem alguma diferença para mim aqui) com a já tradicional bisteca de meio quilo do Ghirardellis, um clássico da gastronomia "Joburguiana" (esse adjetivo ficou horrível).

Talvez os médicos não recomendem, mas para fazer

a digestão eu decidi encarar uma sessão de cinema 3D na tenda montada no centro da Mandela Square. Ainda não tinha entrado lá, e a única impressão que eu tinha sobre o local é que ele estragava a vista da praça. Lá dentro, no entanto, minha opinião mudou: futebol em 3D é mesmo uma experiência incrível.

O cinema começa exibindo gols e jogadas em 3D de partidas antigas, e o efeito não é tão bom. Mas quando eles exibem trechos dos últimos jogos desta Copa, que já foram filmados em 3D, a coisa muda: são imagens sensacionais que fazem você se sentir dentro do campo.

Se essa Copa já está sendo filmada com essa tecnologia, fiquei pensando como será, por exemplo, a transmissão da Copa de 2026 (se o mundo não acabar antes, claro). O que pode ser mais incrível do que o 3D? Acho que veremos algo ainda mais alucinante. Você vai poder escolher qual jogador vai querer "ser", por exemplo, e poderá ver o jogo a partir dos olhos do cara. Pensando bem, isso nem está tão longe assim, é só o jogador usar uma faixa na testa com uma micro-câmera 3D embutida, por exemplo. E uma micro-câmera 3D instalada no bico da chuteira de um artilheiro, então? Não seria genial? Se alguém inventar isso algum dia, você está de prova de que mereço uma fatia dos direitos autorais.

O cinema passa ainda comerciais estrelados por jogadores famosos (por que o futebol é sempre mais dinâmico nos comerciais do que na vida real?), cenas de outros esportes e clipes musicais. Tenho que admitir que, apesar de achar muito legal essa história de futebol e tal, a melhor imagem do cinema 3D foi o videoclipe de "Waka Waka (This Time for Africa)". Enquanto Shakira cantava *Tsamina mina eh eh / Waka waka eh eh / Tsamina mina zangalewa / This time for Africa* tinha marmanjo do meu lado abraçando... o ar.

Sexta-feira, noite mais quente que as outras... Que tal mais uma baladinha por Joburgo? Boa ideia, essa viagem precisa de um pouco mais de animação.

Meus colegas do Estadão me acompanharam ao The Baron, mistura de restaurante e pub um pouco afastado de Sandton, bairro onde estou morando ("morando" é bom). Ao contrário do Latinova e do Moloko, onde eu era praticamente o único branco, o The Baron estava completamente lotado de brancos e os únicos negros por lá eram os garçons e os seguranças. Não tenho nada contra a interação entre os povos, só recomendo não misturar irlandeses e alemães, como o whisky Jameson e o digestivo Järgermeister, que alguns novos amigos portugueses me fizeram experimentar. Depois de algumas doses, eu comecei a ver a balada, sei lá, em 6D.

De lá, a turma toda foi para o Billy The B.U.M's, uma balada lotada de estrangeiros e totalmente caótica. Não consegui entender até agora como funciona o serviço do local; vi alguns garçons caminhando com bandejas cheias de copos e garrafas de vidro pelo meio da pista lotada. E as pessoas pagavam os garçons enquanto dançavam, era uma loucura desorganizada demais até para os padrões brasileiros. Se sobrar algum copo inteiro no final da noite, é porque o velho ditado é verdadeiro: Deus protege os bêbados.

As pistas de dança de uma balada talvez sejam a

maior prova de que o mundo está globalizado. O som é o mesmo em qualquer lugar: Black Eyed Peas, Alicia Keys, Fatboy Slim, músicas eletrônicas todas iguais. Até que o DJ perguntou se havia algum brasileiro na casa (essa é a hora em que a gente levanta os braços e emite sons primitivos) e, sob aplausos, tocou a música mais brasileira da atualidade: o funk carioca. Vinícius de Moraes e Tom Jobim devem ter se virado no túmulo ao saber que a Garota de Ipanema foi trocada por um bando de popozudas rebolando em cima do balcão. Vergonha do nosso novo produto de exportação? Um pouco. Mas desconfio de que não terei poderes para impedir que o batidão vire a versão pós-moderna da Aquarela do Brasil.

The Baron
Loja 1, The Wedge & Post House Rd., Bryanston
T: (011) 706.0632
bryanston@thebaron.co.za

Billy The B.U.M's
Pine Slopes Centre, Witkoppen Rd. & The Straight
Fourways | T: (011) 465.2621
gavincb@mweb.co.za | www.billythebums.co.za

20.6.2010

O JOGO DA MEMÓRIA DE ELEFANTE

Vamos voltar um pouco no tempo, quando eu tinha sete anos e mantinha um clube de animais com meus amigos do prédio. Se alguém me dissesse que no futuro eu iria andar de elefante na África, diria que o cara tinha bebido muito leite com Nescau e estava falando besteira.

Como já mencionei, há muitos parques ao redor de Joburgo. Eles são perfeitos para viver a experiência de um safári sem ter que passar dias em um hotel dentro de um grande parque nacional, o que seria o ideal para quem deseja viver a natureza em sua plenitude. Ontem foi dia de conhecer mais um deles: o Santuário dos Elefantes. Celular na mão, aciono meu melhor amigo africano. *Hello, Victor?*

> *Não deixa de ser irônico programar uma visita ao Santuário dos Elefantes um dia após a morte de José Saramago. Um dos últimos livros deste escritor português, um dos maiores mestres da literatura mundial e meu ídolo, se chama justamente "A Viagem do Elefante". Imaginei uma cena estranha, Saramago ao lado de um elefante, mas não duvido de que ele tenha analisado o bicho de perto, até porque sua descrição do "personagem" é extremamente precisa. Adeus, Saramago.*

Uma hora depois chegamos ao parque, localizado entre as belas montanhas Magaliesberg e a represa Hartbeespoort. Victor encostou seu Mercedes na entrada, logo o administrador do parque veio nos receber no portão.

"Vocês têm reserva?"

"Reserva?", somos surpreendidos. "Não sabíamos que era necessário."

"Sim, estamos lotados hoje."

Desespero. Um dia perdido. O Victor ia ganhar o dinheiro mais fácil da vida dele.

"Somos jornalistas, viemos cobrir a Copa do Mundo e não temos muito tempo livre. O senhor não poderia abrir uma exceção?"

Tensão no ar. Ao contrário do que você imagina, o cara não era parecido com o Indiana Jones. Era um sul-africano da Cidade do Cabo, de rosto tão branco que chegava a ser rosa, usando bonezinho e roupa de tenista.

"De onde vocês são?"

"Brasil."

"Brasil? OK, venham comigo."

Nunca mais reclamo do nosso querido país. *Amandla*, Brasil.

Na primeira parte do passeio, ficamos um tempinho ao lado de um elefante, passando a mão em sua pele, suas orelhas, sua tromba. O "meu" se chamava *Kumba*, que significa "memória". Não sei por que, mas tive um acesso de riso ao encostar nele. Nada incontrolável, apenas um sorriso que insistia em ficar no meu rosto. Mas era uma sensação estranha, porque ao mesmo tempo eu fiquei com vontade de chorar, talvez devido à irrealidade de sentir a textura da pele de um elefante. Peraí, eu estava mesmo segurando a pata de um elefante africano? É sério? Como é que se diz "me belisca para eu ver que não estou sonhando" em Zulu?

Se você está curioso para saber como é a textura da

pele de um elefante, pode ter certeza de que não tem nada a ver com o que você imagina. A pele, como bem definiu meu colega Daniel Piza, é macia e lembra um sofá de couro craquelado. A tromba tem outra composição, bem mais dura (sem piadinhas, por favor). A tromba, aliás, serve apenas para o elefante respirar, apesar de muita gente achar que ele se alimenta por ali. Não, é mais como se fosse um braço, que ele usa para jogar a comida para dentro da boca. Sabe qual é um dos bichos mais temidos por um elefante africano de quase três toneladas? As abelhas. Se uma abelha pica a parte interna da tromba, ela incha e impede o pobre elefante de respirar, já que eles não conseguem respirar pela boca.

Mais curiosidades sobre elefantes: eles vivem sob um sistema matriarcal. Quem manda é a fêmea mais velha, escolhida pela experiência e sabedoria entre um conselho de elefantas adultas. Os elefantes vivem mais ou menos o mesmo tempo que um ser humano, média de 70 ou 80 anos. Os filhotes machos "saem de casa" aos 14 anos, quando começam a descobrir aquelas coisas que os adolescentes descobrem. Montam então grupos de jovens elefantes arruaceiros, geralmente controlados por algum elefante adulto da região. Sim, os elefantes adultos vivem sozinhos, cuidando de elefantinhos adolescentes que só pensam em brigar e fazer bagunça. Como ninguém é de ferro, os machos mantêm duas ou três parceiras fixas, que são visitadas na época de acasalamento. Pena que isso acontece apenas uma vez por ano com cada uma.

Elefantes têm um poder de comunicação muito

grande: conseguem se comunicar com outros a mais de 15 quilômetros de distância. Deve ser por isso que a gente não vê muitos elefantes falando no celular: eles não precisam. E apesar de serem pesadões, descubro que os elefantes podem nadar quilômetros no mesmo dia. Ou seja: você até pode ter um elefante de estimação, mas é bom ter uma piscina de tamanho razoável. Duas coisas que você não perguntou, mas que faço questão de compartilhar: Quanto tempo dura a gravidez de uma elefanta? De 22 a 24 meses. Qual é o tamanho de um pênis de elefante? Um metro. Eu também não perguntei nenhuma das duas questões, mas o gerente do parque, o excessivamente simpático tenista sul-africano, fez questão de nos contar. Não me pergunte por quê.

Continuando o passeio, chegou a hora de caminhar com os elefantes, segurando na tromba deles como se estivéssemos de mãos dadas. Na verdade, de mão-tromba dadas, ou de tromba-mão... você entendeu. Esse trecho do passeio pareceu meio ridículo quando vi as fotos, mas na hora foi bem legal. Não é todo dia que se pode pegar na tromba de um elefante, se você esquecer as piadinhas e o lado malicioso disso.

A terceira parte do passeio foi a mais legal: andar de elefante. Eu queria ir sozinho, mas exigiram que eu fosse com um profissional. Não adiantou eu explicar que tinha morado no Texas e tinha experiência com cavalos. Eles insistiram que cavalos e elefantes eram bichos diferentes. No final, eu aceitei a garupa.

É uma sensação muito diferente de andar a cavalo, por algumas razões óbvias e outras nem tanto. Em primeiro lugar, a altura: cair dali seria, digamos, meio perigoso. A outra é que o bicho é muito largo, portanto suas pernas ficam abertas de maneira bastante desconfortável. O elefante também rebola muito mais que um cavalo, e vamos dizer apenas que seu *rebolation* ganha dimensão muito maior graças ao tamanho do seu *derrière*.

Tirando os aspectos técnicos, andar de elefante é uma experiência inesquecível. Eu olhava para o chão e pensava: "é sério, estou em cima de um elefante?", "esse pedaço de couro cinzento batendo na minha perna é uma orelha de elefante?"... Desta vez não fiquei emocionado porque estava preocupado demais em não cair lá de cima. Mas passar o dia com elefantes foi mais um sonho de criança realizado nessa viagem, um sonho que nunca mais vai sair da minha *Kumba*.

Elephant Sanctuary
Hartbeespoort Dam | T: (012) 258.0332
elephantsanctuary@mweb.co.za
www.elephantsanctuary.co.za

21.6.2010

JUIZ DÁ UMA MÃOZINHA PARA O BRASIL. ALIÁS, DUAS

Dia de jogo do Brasil é sempre igual: passamos o tempo inteiro no estádio preparando a cobertura e assistindo aos outros jogos do dia. Um deles é Paraguai X Eslováquia, um jogo que não empolga nem os torcedores dos próprios países, quanto mais eu. Aproveito para escrever: é tanta novidade em volta da gente que as palavras brotam como flores carnívoras africanas (existem flores carnívoras africanas?).

Brasil e Costa do Marfim, em Soccer City, é um jogo interessante por várias razões, nenhuma delas destacada pelo relatório de estatísticas distribuído pela FIFA. O documento diz, por exemplo, que "as duas seleções nunca se encontraram em uma Copa do Mundo". E daí? Estão se encontrando agora, pronto. "O Brasil nunca perdeu para uma seleção africana". E daí? Podem perder hoje, ou amanhã, ou nunca. E pronto. Só porque uma coisa nunca aconteceu, não quer dizer que ela não vai acontecer. Estatística aplicada ao futebol é como estatística aplicada à arte: só vale para ilustrar catálogos ou relatórios da FIFA.

Outro número bem legal: 63% dos 203 gols da Seleção Brasileira em Copas do Mundo foram marcados no segundo tempo. E daí? E daí que 37% foram marcados no primeiro tempo. Minha leitura: os gols podem sair no segundo tempo, mas também podem sair no primeiro tempo. Ou podem não sair, claro.

E por aí vai.

Gol! Luis Fabiano, para o Brasil!

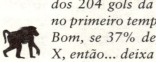

> *Está vendo? Agora a estatística mostra que dos 204 gols da Seleção, 39% foram feitos no primeiro tempo. Peraí, 39%, tem certeza? Bom, se 37% de 203 gols correspondiam a X, então... deixa pra lá.*

Fim do primeiro tempo, 1 a 0 Brasil. Tá bom. Só para constar, outro dado que a FIFA distribui para os jornalistas é a lista dos aniversariantes do dia. Outra bobagem: por que eu gostaria de saber se o jogador faz aniversário? Por acaso a FIFA está achando que a gente deveria mandar presentes para eles? A FIFA que mande, já que a entidade divulgou lucro de "apenas" U$ 3,2 bilhões com essa Copa.

Comecinho do segundo tempo... gol do Brasil! Mais uma vez, Luis Fabiano! E um golaço, onde ele deu dois chapéus nos zagueiros! Peraí, deixa eu ver o replay. Putz, ele levou o primeiro zagueiro com a mão... e o segundo também! Uau, mas é futebol ou basquete? É meio chato ganhar assim, porque vamos ter que aguentar os argentinos reclamarem disso a vida inteira. Vamos dizer que o árbitro deu uma mãozinha para o Brasil. A partir de agora, o atacante do Brasil tem um novo apelido: Juiz Fabiano.

Gol! Do Brasil! Kaká passa para Elano, que põe para dentro. 3 a 0 tá bom. Ops! Gol da Costa do Marfim! E do Drogba, o melhor jogador deles. Dizem que o Drogba colocou o "B" no nome apenas para passar no exame anti-doping. Pode ser. Mas temos que concordar: esse Drogba é um crack.

Pô, o jogo ficou meio violento. Cartão vermelho para o Kaká? Não precisava. Será que o Kaká queria fazer um safári e precisava de um dia livre?

3 a 1, e a classificação da Seleção Brasileira para as oitavas está garantida. Quantos gols com dois chapéus e duas mãos já aconteceram em Copas do Mundo? Aposto que essa estatística a FIFA não vai distribuir.

22.6.2010

PORTUGUESES EM FESTA E AMIGOS NA CIDADE DO CABO

Segunda-feira gelada, três horas de sono (para que mais?), pegamos o avião rumo a Cape Town. O tempo está frio e chuvoso, e juro que nunca mais vou acreditar quando alguém usar a expressão "calor africano" para descrever algum clima quente. Calor, aqui? Talvez na próxima Copa do Mundo na África, quando o planeta já tiver aquecido uns 10 graus.

O estádio Green Point é o palco de Portugal e Coreia do Norte, jogo que faz parte do grupo do Brasil e vai ajudar a determinar quem será o adversário da Seleção na segunda fase. Portugal é considerado o time da moda, com jogadores estilosos e com pinta de modelo. Modelos feios, mas modelos. Engraçado, os portugueses estão ficando cada vez mais diferentes do meu tempo de infância. Todos esses aí usam gel no cabelo e nenhum deles tem bigode. Acho que são portugueses falsificados, nem parecem os caras que jogam na Portuguesa! E eles nem entraram em campo dançando fado!

A estrela do jogo é o Cristiano Ronaldo, claro. Como é que se diz "esse cara se acha" em Zulu? Tudo bem, ele é ótimo jogador. Mas por que o jogo não tem nenhuma daquelas jogadas sensacionais que ele fez no comercial da Nike? Por que futebol, aliás, é tão mais legal nos comerciais da Nike? Se eu fosse milionário e quisesse ter o melhor time do mundo, contrataria como técnico o diretor dos comerciais da Nike.

Foi só eu falar e... gol de Portugal! Muito bem, gajos. Na minha opinião... opa, mais um gol de Portugal! Bom, se continuar desse jeito... mais um! Nossa, desse jeito os caras vão... mais um! (Peraí, qual é o placar mesmo?)

7 a 0. Uau, Portugal arrasou a Coreia do Norte. Será que o Kim Jong Il vai jogar uma bomba atômica em Lisboa? É triste ver onze cadáveres em campo. Claro, você acha que algum jogador coreano vai escapar do fuzilamento? Eu pediria asilo político, e você? Preferiria morar em Piyongyang ou na Cidade do Cabo?

A chuva deu um descanso para nossa primeira noite em Cape Town. Somos convidados para jantar com um casal de amigos do meu irmão, Christina e Richard. O local escolhido é o Beluga, restaurante contemporâneo aqui perto do hotel, no bairro de Waterfront. (Sim, "waterfront" quer dizer que estamos "de frente para o mar"). Há uma série de restaurantes, barzinhos e lojas descoladas em Waterfront, o que prova que um cais pode, sim, ser uma área nobre – o que infelizmente não acontece na maioria das cidades litorâneas. Lembra de *On the Waterfront*, (*Sindicato de Ladrões*), filme do Elia Kazan estrelado por Marlon Brando? Pois é.

Acompanhados por uma turma barulhenta de ingleses e irlandeses amigos, outros convidados do casal anfitrião, a noite é regada por ótimos vinhos sul-africanos, cortesia do especialista Richard: *Sterhuis Sauvignon Blanc 2007* de entrada, *Warwick First Lady 2008* durante o prato principal (o meu foi um atum delicioso) e o espumante *Brut MCC Blanc de Blanc*

2006 para o brinde final. Mas nada de exagerar no vinho: amanhã pela manhã temos um passeio pela região dos vinhedos da Cidade do Cabo.

Dá tempo, porém, de fazer três brindes: Um deles vai para os portugueses pela bela vitória de hoje. O outro vai para meu irmão Nando e minha cunhada Natália, que estão lá no Brasil. E o outro vai para você, que tem amigos espalhados pelo mundo.

Saúde, saúde, saúde.

Estádio Green Point
Fritz Sonnenberg, Sommerset Rd., New Road
T: (021) 470.2000 / 2499

Hotel City Lodge V&A Waterfront
Dock & Alfred Rd. | T: (021) 419.9450
clva.resv@citylodge.co.za
www.citylodge.co.za

Beluga
The Foundry, Prestwich St. – Green Point
T: (021) 418.2948
info@beluga.co.za
www.beluga.co.za

Travel Concepts
1 Park Road, Gardens, Cidade do Cabo
T: (021) 426.5809
info@travelconcepts.co.za
travelconcepts.co.za/

23.6.2010

OS VYNHOSZ DA ÁFRICAAA DO SUL SÁÁOUN MUUITON BONSD

Acabho de voltar do passeiyo pelos vinheddos de Cidaaade do Caaabo. Muuuito legal. Lesgal mesmo. Os vinhos aquiui são mesmmo muito bons. E não apeennas os Pinotage, a uva priyncypal da Áfrfica do Sull. Os Cabernet Sauvignon tammmmbém sãão muuitosiofs bons, assim cofmo os Merlots. E os fdvinhos brafdncos então? Mjuitgso bonnnss. Granfdse passeeeio. Muitotgd legal. Legalm mesmo. A regiãããogo éh muitohe linda. Muito memso.

23.6.2010

UM PASSEIO PELOS VINHEDOS DA ÁFRICA DO SUL

Peço perdão pelo capítulo anterior, cujo conteúdo literário foi de certa forma prejudicado por causa do... deixa para lá. Você entendeu.

O passeio pela região dos vinhedos da Cidade do Cabo, no entanto, foi realmente muito lindo. Sol a pino, céu azul sem nuvens, temperatura na faixa dos 18 graus. Visitamos as três principais cidades produtoras: Paarl, Franschhoek e Stellenbosch. As três produzem vinhos da uva Pinotage, a mais tradicional da África do Sul, mas cada uma também tem sua característica própria. Em Paarl, a mais quente das três, a especialidade são os vinhos Shiraz; em Franschhoek, os brancos; em Stellenbosch, o Cabernet Sauvignon.

Vamos começar pela degustação de Paarl, realizada na produtora KWV, uma das maiores do país. A seguir, a lista do que foi consumido:

KWV Sauvignon Blanc 2010 (razoável)
Cathedral Cellar Chardonnay 2009 (bom)
KWV Reserve Merlot 2007 (razoável)
Cathedral Cellar Pinotage 2006/07 (muito bom)
Imoya (um excelente brandy produzido pela KMW)
Muscadel 1975 Vintage (muito bom)
Licor Wild Africa Cream (ruim, muito doce)

Saindo de lá fomos para Franschhoek, cidade que deveria ser famosa por seus ótimos vinhos, mas também por ter sido batizada com a única palavra com dois "H" do vocabulário mundial.

O lugar é realmente lindo, parece uma cidade de bonecas. Sabe aquelas cidades cenográficas que não têm nada atrás das fachadas das casas? Pois é. Mas isso não se confirmou, porque fui checar atrás de uma casa e vi que era uma casa de verdade. (É brincadeira, não cheguei a fazer isso, embora estivesse com vontade.)

Franschhoek é uma espécie de Campos do Jordão com belos vinhedos e sem adolescentes. É charmosa, cheia de bistrozinhos (sim, o nome é em homenagem à comunidade francesa que implantou a cultura do vinho na região) e tem até um evento literário anual nos moldes da nossa Festa Literária de Paraty (FLIP), o *Franschhoek Literary Festival*. A última edição, em maio, foi em homenagem à Copa da África (claro) e a cidade recebeu nomes como Tom Watt, autor do livro

"The Beautiful Game", sobre futebol, e John Carlin, autor de "Conquistando o Inimigo", livro que Clint Eastwood transformou no filme "Invictus", citado anteriormente.

A degustação em Franschhoek aconteceu no Dieu Donné, um lugar paradisíaco – se você acha que o paraíso não tem mar, mas montanhas repletas de vinhedos verdinhos. A lista de vinhos foi a seguinte:

Sauvignon Blanc 2009 (razoável)
Chardonnay (Wooded/Amadeirado) 2007
(bom, Silver Medal no Veritas Wine Show 2009)
Shiraz 2006 (bom)
Merlot 2007
(muito bom, 3 ½ estrelas da *Wine Magazine*)

Almoçamos no The Bistro, em Franschhoek mesmo, um ranguinho bastante razoável (para não dizer outra coisa). Pedi salada caprese e lulas fritas com arroz e molho tártaro, mas meia hora depois já estava com fome novamente.

A próxima parada é Stellenbosch, outra cidadezinha muito charmosa. Aqui, a influência é holandesa, o que pode ser comprovado pela arquitetura das casas (tetos arredondados como tamanquinhos holandeses) e pela placas, todas em africâner (ou holandês, que para mim são a mesma língua). A degustação aconteceu na Neethlingshof (fale isso comendo uma paçoca, se quiser ver a chuva de farelos), outra grande produtora sul-africana com mais de um milhão de garrafas produzidas por ano. E uma das mais tradicionais também: o local foi construído em 1692. Mas calma aí: nós viemos aqui para beber ou para conversar? Então vamos à degustação:

Sauvignon Blanc 2010 (razoável)
Gewürtztraminer 2009
(muito bom, apesar do nome impronunciável)
Pinotage 2005 (razoável)
Cabernet Sauvignon-Merlot
(excelente, o melhor vinho do dia)
The Caracal 2005 (muito bom)

No caminho de volta, uma paradinha no Cheetah Outreach, centro de pesquisas de animais. "Cheetah", em português, é "guepardo". Conversamos com uma pesquisadora sobre esse gato, e confirmo o que já sabia quando era criança (lembra que eu era especialista em felinos?): o guepardo é o mamífero mais rápido do planeta. Ele chega a 80 km/h em três segundos; corre 100 metros em seis segundos; sua velocidade máxima pode chegar a 120 km/h. Ou seja, o bicho é o máximo.

Além de guepardos, o centro tem algumas aves de rapina, como águias, falcões e corujas. Ao olhar as corujas, descubro de onde o roteirista William Peter Blatty tirou a inspiração para a cena em que a garota gira o pescoço 360 graus. O que, é possível segurar uma águia? Lá vou eu para mais uma aventura no mundo animal: a águia negra pesa quase cinco quilos e é uma das maiores aves da África. O tratador pede para eu colocar uma luva especial, e lá vem a águia. Por que ela está com os olhos vendados? Sei lá, talvez ele tenha medo que ela não vá com a minha cara (e faz bem).

Vinhos e águias não combinam, então devolvo o bicho rapidinho. E já que estamos falando de fotos e pássaros, em vez de aprender "olha o passarinho"... como é que se diz "olha a aguiazinha" em africâner?

KWV
Kohler Street, Suider Paarl | T: (021) 807.3911
friederm@kwv.co.za | www.kwv.co.za

The Bistro Franschhoek
14 Huguenot Road | T: (021) 876.4714
www.thebistrofranschhoek.co.za | Franschhoek

Dieu Donné Vineyards & Restaurant
T: (021) 876.2493 | info@dieudonnevineyards.com
www.dieudonnevineyards.co.za

Neethlingshof
7599 Polkadraai Rd, Vlottenburg, Stellenbosch
T: (021) 883 8988
info@neethlingshof.co.za | www.neethlingshof.co.za

Cheetah Outreach
Spier Wine Estate, Stellenbosch | T: (021) 881.3242
cheetah@intekom.co.za | www.cheetah.co.za

Eagle Encounters
Spier Wine Estate, Stellenbosch | T: (021) 858.1826
eagles@telkomsa.net | www.eagle-encounters-co.za

24.6.2010

UMA ILHA DO MEDO E A VISTA MAIS LINDA DA ÁFRICA

O terceiro e último dia dessa curta temporada em Cape Town (se for para lá, por favor, fique mais tempo) começa com um passeio até Robben Island, ilha onde fica a prisão que ficou famosa graças a seu prisioneiro 466/64, também conhecido como Nelson Mandela. O número tem significado simples: quer dizer apenas que ele era o preso número 466 do ano de 1964. Sim, como se Mandela fosse um preso comum. Ou melhor: um homem comum.

Para chegar à ilha, é necessário pegar um barco no Nelson Mandela Gateway, mais uma das homenagens a Madiba. Se você não souber o endereço de alguma coisa na África do Sul, é só chutar que fica na "Nelson Mandela" alguma coisa. Já passei pela Ponte Nelson Mandela, Praça Nelson Mandela, Parque Nelson Mandela, Avenida Nelson Mandela, Estádio Nelson Mandela, Baía Nelson Mandela. Não vou ficar surpreso se quando o Mandela morrer eles mudarem o nome do país de *"África do Sul"* para *"Mandela"*. Pensando bem, até que não ficaria mau. Se algum dia isso acontecer, quero minha parte de direitos autorais em cerveja africana.

O barco leva meia hora para chegar até essa ilha que, no passado, era um local para onde enviavam os leprosos do país. Faz sentido, porque desde 1636 a ilha já servia de colônia penal, provavelmente porque os caras consideravam os presos leprosos sociais e decidiram juntar todo mundo no mesmo lugar. Ao chegar, vejo que a geografia da ilha é bastante plana e sem muita vegetação. Há alguns pinguins perto do pequeno porto, um bicho com jeitão engraçado, que nos faz esquecer que o lugar é um patrimônio da humanidade não pelo que ele tem de divertido ou belo, mas pelo que teve de trágico.

"Robben", em holandês, quer dizer *"focas"*, nome dado graças ao grande número de animais no local. Devem ter comido todas, porque não vejo nenhuma, mas tudo bem. Todos os guias do passeio são ex-prisioneiros, então isso acrescenta uma dimensão de realidade à visita. Não quero soar desrespeitoso, mas a prisão em si não é uma coisa estilo campo de concentração, imagem que eu tinha a partir dos filmes sobre o passado de Mandela. Ela é, sim, claustrofóbica no sentido do isolamento do continente, do silêncio, da crueldade psicológica com que os presos eram tratados. Mas em termos de instalações, é um hotel cinco estrelas comparada aos presídios brasileiros.

A crueldade psicológica é feita com requinte: em Robben Island não havia prisioneiros brancos, apenas negros, "coloridos" (como eles chamam os mulatos e mestiços por aqui) e indianos. Negros ficavam descalços, "coloridos" e indianos tinham direito a sapatos. Negros não recebiam cartas da família, ou, quando recebiam, eram censuradas e continham apenas "oi" e "adeus". Na parede, uma placa nos informa que a ração diária de comida dos negros era menor que a dos coloridos ou indianos. Por quê? Simplesmente por acharem que os negros eram inferiores e não precisavam comer tanto. Ou justamente para enfraquecê-los fisicamente. Ou, sendo mais militarmente analítico, para dividir os presos. Dividir para conquistar, diz o velho ditado de guerra.

Os prisioneiros eram divididos ainda em presos políticos (que ficavam na área de segurança máxima) e presos normais, estupradores e assassinos (que ficavam na área de segurança média). Visitamos um dos campos onde Mandela e seus amigos realizavam trabalhos forçados, um lugar que ainda guarda uma atmosfera maligna. O guia explica que aquela caverna, no canto do rochedo, era ao mesmo tempo local de refeições e banheiro. Nas horas livres, que eram raras, Mandela ensinava os outros presos a escrever, além de ensinar conceitos de cultura, liberdade, luta. O que os guardas africâneres chamavam de "banheiro dos negros", eles chamavam de "Universidade". Dali saíram presos que se tornaram juízes e advogados; hoje dizem que o local pode ser considerado o primeiro parlamento do país.

Perto dali ficam as celas, e aí quem sofre de claustrofobia realmente poderia ter um surto (ainda bem que eu não sofro). Não cheguei a medir, mas acredito que as celas deviam ter cerca de três por quatro metros, minúsculas. A cela de Mandela tinha um colchão, uma mesinha e um balde para as necessidades. É inacreditável pensar que ele passou 18 anos ali. Os presos retornavam às celas quando o sol se punha, depois de passar o dia quebrando pedras. Não sei o que é pior: quebrar pedras ou dormir num cubículo desses. De um lado, o mito de Sísifo; do outro, o confinamento do claustro. Como esse homem conseguiu manter a sanidade? Bem, acho que a resposta mais óbvia é que ele nunca foi apenas um homem.

Mandela saiu dali em 1990, e o resto é história. O local hoje é um museu com passeios como este, um dos mais populares da Cidade do Cabo. Quando estamos indo embora, cruzamos com a Seleção da Holanda, que vem visitar o lugar. Entre eles está o jogador Robben, o que leva todo mundo a fazer a mesma piadinha "o Robben veio visitar a própria ilha, a Robben Island, hahaha". Todo mundo ri menos eu, por duas razões: não sei quem é esse tal de Robben, e acho que este está longe de ser um lugar com clima para fazer piadas.

Opa, só tenho mais algumas horas em Cape Town! Será que dá tempo de pegar o bondinho para subir até o topo da Table Mountain, aquele montanha retinha como uma mesa que circunda a Cidade do Cabo?

Táxi!

Sim, deu tempo. A vista lá de cima, a 1.600 metros acima do mar, é uma das coisas mais espetaculares que já vi. De um lado, a Cidade do Cabo, histórica, linda, espalhada como tabuleiro de Banco Imobiliário. Destaque para o estádio Green Point, que de cima parece bem mais bonito; do outro lado, praias como a Camps Bay, incrível, e outro lugar que ainda vou visitar algum dia de pertinho: o Cabo da Boa Esperança. Pode ser meio clichê, mas tenho que deixar registrado que tenho a esperança de chegar até o ponto mais ao sul do continente africano. A esperança, como dizem, é a última que morre. Eu mudaria esse ditado: a esperança só morre... quando a gente morre.

Essa coisa de comparar cidades é meio complicado,

mas eu diria que São Paulo seria Joburgo e o Rio seria a Cidade do Cabo. Pelo menos no telefone isso dá certo: o código de Joburgo é 011, o de Capetown é 021.

Joburgo não se parece tanto com São Paulo, mas daqui de cima a gente vê bem por que costumam comparar a Cidade do Cabo com o Rio de Janeiro. Ambas têm montanhas e mar em seus respectivos cartões-postais, mas há diferenças gritantes. Em Cape Town, a montanha fica em volta da cidade, e não há construções em suas encostas; no Rio, as montanhas cortam a cidade em praticamente todo o relevo, e há moradias improvisadas (eufemismo para "favelas") muito além das bases desses morros. Cape Town é quase toda horizontal, espalhada; o Rio é tomado por prédios e sua urbanização é muito mais concentrada (além de ser uma cidade maior, claro). São cidades-irmãs, sim, mas o Rio precisa recuperar definitivamente a região ao redor do porto (promover o Fashion Rio uma vez por ano infelizmente não é suficiente). A Cidade do Cabo é a prova de que, simplesmente, não se pode deixar nascer uma cidade paralela nas encostas dos morros: é preciso definir um limite urbano e levá-lo a sério.

A Cidade do Cabo também é um lugar tão diferente de Joburgo, que parece outro país. O apelido de *Rainbow Nation*, "Nação do Arco-Íris" faz sentido. A Cidade do Cabo é praticamente uma cidade litorânea da Inglaterra; há bem menos negros que em Joburgo, e a cidade parece ser muito mais cosmopolita. As tensões aqui, pelo menos nessa minha primeira impressão, são muito mais sociais do que raciais. Como na maioria das metrópoles do mundo, aliás.

Infelizmente, tenho que descer antes do pôr do sol, já que meu voo provavelmente não vai esperar meus caprichos. Deu tempo! Poucas coisas satisfazem mais do que a sensação de ter o dever cumprido. Ainda não acredito que deu tempo de fazer tanta coisa em tão pouco tempo, mas, como eu costumo dizer... para que dormir quando há tanta coisa interessante para ver? Quando há tantas experiências para viver? Quanto há tantos lugares desconhecidos para conhecer?

Para terminar, como é que se diz tudo isso em Zulu? E em africâner? Desencana. É muita informação para um dia só. O avião para Joburgo está saindo. É bom voltar para casa.

Robben Island Museum
1 (Nelson Mandela Gateway) | T: (021) 413.4220
T: (021) 409.5169 | www.robben-island.org.za
infoi@robben-island.org.za

Table Mountain Cableway
Tafelberg Road | T: (021) 424.8181
www.tablemountain.net

25.6.2010

MIL E UMA NOITES EM DURBAN. NA VERDADE, APENAS DUAS

Não dá nem tempo de desfazer a mala: no dia seguinte já é hora de pegar mais um avião, desta vez para Durban. Motivo? Não, não vou surfar nas praias mais famosas da África do Sul. Em primeiro lugar, porque eu não sei. Em segundo, porque... bem, a primeira razão já é mais do que suficiente. Mas tem outra coisa: amanhã é dia de jogo do Brasil, o último da primeira fase. E justo contra quem? Ora, pois, contra Portugal, turma de Cristiano Ronaldo e Cia.

Durban fica a apenas uma hora de voo de Joburgo, e é uma cidade completamente diferente. Se ainda restava alguma dúvida de que o apelido *Rainbow Nation* cai como luva para a África do Sul, ela se dissipa no momento em que pisamos no recém-inaugurado aeroporto King Shaka. Há muitos negros da etnia Zulu, maioria absoluta da população por aqui. Mas o resto da população se divide em muçulmanos e hindus, o que leva a uma arquitetura misturada, com influências africana, indiana, árabe, até Art-Decô. Há muitas barraquinhas de comida indiana espalhadas pelas ruas; em uma delas, o pó com o qual se faz o molho Curry tem diversos sabores: "Bin Laden Special", "Pimenta Assassina de Sogra", e outros do mesmo nível. Se esse é o típico humor de Durban, eu provavelmente não irei a um show de *Stand up Comedy*.

Durban também é diferente porque é uma cidade típica de praia, mais até que Cape Town. Há um monte de surfistas e gente tomando sol; é o dia mais quente desde que chegamos à África. Durban lembra um pouco a cidade de Santos, mas com prédios mais baixos e mais antigos na orla marítima. Há gente correndo no calçadão, mas é uma corrida difícil porque é cheia de obstáculos, no estilo "800 metros com barreiras" – as barreiras são as barraquinhas que vendem bugigangas africanas. Se eu puder dar um conselho para um futuro turista que venha a Durban, diria que não pergunte o preço de nada se não tiver certeza de que quer comprar o tal objeto.

Antes de você perguntar "quanto custa?", alugue mais um quarto de hotel. Essa frase adiciona automaticamente um camelô africano à sua família, já que ele não largará você pelo resto da viagem.

Quer uma girafinha de madeira? Quer uma máscara Zulu com lanças e escudos? Quer uma fruteira pintada como uma zebra? Quer uma pulseirinha de rabo de elefante? Se você respondeu "sim" a algumas dessas perguntas, então você merece adotar um camelô africano.

Chegamos ao hotel, fica bem na avenida beira-mar. Mas é tarde: um jantarzinho leve e uma cerveja antes de dormir é tudo o que eu quero. Pedir a cerveja na língua local é fácil, basta dizer *ngifuna umqombothi, ngicela*.

Peraí, é brincadeira. A frase "eu quero cerveja, por favor" é praticamente impronunciável. Em primeiro lugar, porque "cerveja", *umqombothi*, tem aquele estalo de língua no meio da palavra, e daí o esforço para que ele saia razoável é tão grande que a gente esquece todo o resto da frase. Em segundo, porque dizer "I want beer, please" é tão fácil que prefiro gastar minha energia tomando a cerveja, não pedindo.

Hotel Garden Court South Beach Durban
73 O R Tambo Parade | T: (031) 337.2231
gcsouthbeach@southernsun.com
www.southernsun.com

25.6.2010

BRASIL EMPATOU. MAS MEU ESTÔMAGO VENCEU AOS 45 DO SEGUNDO TEMPO

Nada como acordar cedo, abrir a janela e ver o sol nascer no horizonte, brotando como uma imensa bola de fogo das profundezas do Oceano Índico.

> *Como é que se diz "que frase brega" em Zulu? Quero aproveitar para fazer uma homenagem ao Roberto Pontes, Tour Manager do Estadão, que me colocou em um quarto de frente para o mar. Ngiyabonga, Robertinho.*

Mais um dia lindo, céu azul sem nuvens e ainda mais quente que ontem. Daqui a pouco, Brasil e Portugal jogam no belíssimo estádio Moses Mabhida. É o estádio mais bonito da Copa, um imenso *calabash* branco com seu arco que se projeta acima do campo como uma alça de mala. Se um gigante pudesse levantá-lo, eu pediria que, ao final da Copa, ele levasse o Moses Mabhida para São Paulo. E assim teríamos pelo menos um estádio decente para a Copa do Brasil, em 2014.

Começa o jogo! Brasil ataca um pouco; Portugal se defende. Portugal ataca um pouco, Brasil se defende. Nossa, que joguinho de comadre, não? Poucas chances de gol, muitas faltas.., enfim, o estádio é lindo e a torcida está fazendo a *ola*. Se a torcida está fazendo a *ola*, é porque o jogo está chato.

Dito e feito: Zero a zero. Na verdade, um resultado

bom para todo mundo, já que classifica as duas equipes. Tudo bem, aposto que Portugal não vai gostar de jogar as oitavas de final contra a Espanha na Cidade do Cabo. Mas até que enfrentar o Chile em Joburgo não é tão ruim para o Brasil. Na verdade, é até bom.

Apesar de o Brasil não vencer, é bom comemorar a classificação em primeiro lugar do grupo. Isso significa que posso encontrar alguns amigos na Florida Street, a rua mais agitada de Durban. É tão agitada que o trânsito interrompeu a rua: centenas de pessoas festejando na rua e cantando *Waka Waka*, da Shakira, e *Waving Flag*, do K'Naan, as músicas mais populares dessa Copa do Mundo. Aqui dá para perceber bem por que Durban é uma das cidades mais interessantes da África do Sul, além de ser a terceira maior em número de habitantes. Ao lado da casa noturna Cabaña, que toca salsa, está um restaurante grego. Do lado dele, uma casa italiana de massas. E, do lado dela, uma igreja protestante. "Nação do Arco-Íris" é mesmo um nome perfeito para este país.

Encontro meus amigos no Simple Fish, um restaurante especializado em (vamos ver se você adivinha?)... sim, peixes. Já está ficando tarde, o restaurante está praticamente fechado. Mas a dona é uma australiana simpática e eu a convenço a me trazer um último peixe, meio a contragosto. Espero que o cozinheiro não tenha cuspido no prato.

E é assim, com um peixe aos quarenta e cinco minutos do segundo tempo, que me despeço da noite de Durban. O Brasil ficou no zero a zero, mas meu estômago saiu com uma vitória no finalzinho do jogo.

Estádio Moses Mabhida
NMR Ave., Walter Gilbert, Umgeni Rd.
T: (031) 326.2000 / 2499

Simply Fish
219 Florida Road Morningside, Durban
T: (031) 303.8431
florida@simplyfish.co.za | www.simplyfish.co.za

28.6.2010

UM "VERÃO" PARA TODAS AS ESTAÇÕES

O dia seguinte já amanhece naquela correria: somos um grupo de quinze jornalistas e alguns vão pegar avião, outros vão de carro alugado, cada um com um horário diferente... enfim, uma confusão. Mas, como diz o Fernando Sabino, "tudo dá certo no final; se não deu certo, é porque ainda não chegou no final".

Minha turma é a dos que estão no voo de volta para Joburgo; lá vamos nós para o aeroporto de nome mais simpático que vi nos últimos anos, o King Shaka, homenagem ao guerreiro e rei Zulu. A cidade de Durban, só para lembrar, fica numa região chamada KwaZulu-Natal. O *"Natal"* foi incorporado porque o navegador Vasco da Gama, quando contornava a África para chegar às Índias, avistou a cidade litorânea no dia do Natal. Quer dizer, se o dia estivesse nublado e o Vasco só pudesse avistar a cidade seis dias depois, a região se chamaria KwaZulu-Réveillon.

Chegamos a Joburgo morrendo de fome, não porque a viagem tivesse sido longa (uma hora de voo), mas porque... estávamos com fome mesmo. Mas sem nosso querido produtor Robertinho, como vamos voltar do aeroporto para Sandton, para algum restaurante na velha e boa Madiba Square? Arriscamos pegar o Gautrain, o novo trem metropolitano inaugurado literalmente na véspera da abertura da Copa. Qualquer cidade decente do mundo tem um metrô que liga o aeroporto a algum ponto central. Graças à Copa, Joburgo agora tem o Gautrain. Pelo jeito, vamos ter que esperar a Copa no Brasil para ter algo parecido em São Paulo e no Rio. Isso, claro, se der tempo. E ainda teremos que rezar muito para esse trem não ir parar no bolso de algum político.

O Gautrain ganhou esse nome ridículo porque Joburgo fica na província de Gauteng. Sacou? Bele-zura? Gauteng, *trem*... Gautrain. Seria mais ou menos como batizar o trem que leva à cidade de Teresina de "Tremresina", ou o metrô no estado de Mato Grosso de "Metrô-Grosso". Bem, já sabemos que o humor não é o forte dos sul-africanos.

Aeroporto de O.R. Tambo, Gautrain, Sandton, restaurante. E lá vamos nós experimentar um típico sushi sul-africano no YoSushi!, um lugarzinho descoladinho e pequenininho pertinho da Mandelinha Squarezinha. O atum e o salmão estavam OK, mas acho que é melhor eles continuarem caçando antílopes, se é que você me entende.

Apesar da correria geral do trabalho, tenho conseguido ler um pouco antes de dormir. Trouxe apenas livros de escritores sul-africanos, para manter o clima e... porque eles são bons, mesmo. Um país não tem dois prêmios Nobel de Literatura à toa.

Um deles é a escritora Nadine Gordimer. Estou lendo *Beethoven era 1/16 Negro*, livro de contos em que essa filha de imigrante judeu com mãe inglesa destila todo seu veneno contra o apartheid, usando histórias simples do dia a dia para mostrar o absurdo do regime. Nadine, que ganhou o Nobel em 1991, tem uma linguagem dura e seca, sem adjetivos, com muita referência histórica e algumas construções formais bastante complexas. No entanto, sem querer desmerecer o talento da escritora, acho que o Nobel de Nadine foi mais político do que literário, já que Nelson Mandela havia sido libertado no ano anterior. Pensando bem, o Nobel é quase sempre político, não? Com raras premiações incontestáveis, como o nosso recém-eternizado Saramago.

Outra dessas premiações justíssimas foi a que deu o Nobel em 2003 para John Maxwell Coetzee, mais conhecido com J.M. Coetzee. Não gosto muito de usar a palavra *gênio* para descrever um escritor, mas ela cai perfeita nesse sul-africano-africâner nascido na Cidade do Cabo em 1940. Já li *A Vida e o Tempo de Michael K.*, *Desonra*, *Elizabeth Costello*, *Homem Lento*, todos sensacionais. Para entrar mesmo no clima da viagem, trouxe sua trilogia autobiográfica, batizada simplesmente de *Infância*, *Juventude* e... *Verão*.

Comecei de trás para frente, e *Verão* já é um dos livros de que mais gostei em toda a minha vida. Depois engatei em *Juventude*, um pouco autodepreciativo, mas sensacionalmente bem escrito. Coetzee escreve incrivelmente bem, usa as metáforas que você gostaria de ter usado, mas nunca teria o talento para isso (estou falando de mim), arquiteta o tempo das frases de maneira que elas sobem e descem no ritmo da respiração do leitor, arte que só os grandes mestres dominam. Coetzee entra fundo na sua cabeça, e depois sai de lá leve, pisando na ponta dos pés, como uma abelha que pica a vítima e não está mais lá quando nasce a dor.

Verão é uma autobiografia bastante original. O narrador é um jovem escritor que pretende escrever a biografia do próprio Coetzee. Para saber mais sobre detalhes de sua vida pessoal, sai em busca das mulheres que foram importantes para ele. O livro é justamente o relato das entrevistas com essas mulheres. Além de a narrativa fugir do clichê (ele usa a metalinguagem na medida certa, sem os exageros que viraram moda no pós-modernismo), não se sabe ao certo o que realmente é ou não verdade ali, mas isso é o que menos importa. As opiniões dessas mulheres sobre o escritor são cruéis, curiosamente duras com ele de uma maneira que não se esperaria de um autor que usa esse recurso. O que suas ex-namoradas(os) diriam de você? Seu orgulho não falaria mais alto na hora de dividir essas opiniões com todo mundo? O de Coetzee, não.

Em vez de se autoelogiar, ou de pelo menos dosar as opiniões femininas a seu respeito, as mulheres de Coetzee derramam uma lista de críticas sobre ele, principalmente como homem. Psicanálise? Autobiografia? Ficção? É tudo tão misturado que não se sabe onde começa uma ou onde termina a outra. Uma obra-prima não apenas sul-africana, mas global.

Ngiyabonga, Coetzee.

> **Gautrain**
> www.gautrain.co.za | Tel: (0800) 428.87246
>
> **YoSushi!**
> Village Walk, Sandton | T: (011) 783.6166
> yosushi@telkomsa.net
>
> **Verão**
> **Juventude**
> **Infância**
> J.M. Coetzee | Ed. Companhia das Letras
>
> **Beethoven era 1/16 Negro**
> Nadine Gordimer | Ed. Companhia das Letras

28.6.2010

APROVEITE A PROMOÇÃO: ESPOSA ZULU POR APENAS DEZ VACAS

Nada como bater papo com um taxista para entender como funciona um país. Desta vez, porém, a conversa não foi nem com Victor nem com Jealous. O motorista que me levou para um passeio em Newtown, centro de Joburgo, atende pelo singelo nome de *Lovemore*. Quando falou a primeira vez, achei que ele estava se declarando para mim. Pensei que o cara tinha se apaixonado à primeira vista, já que ele se apresentou no momento em que entrei no carro.

Só fui entender que era seu nome próprio um tempinho depois, quando ele começou a me olhar feio.

Lovemore é da etnia Zulu, portanto, pode ter mais de uma esposa. Pode, mas não tem. Na opinião dele, ter uma mulher a mais traz muita despesa. Prefere ter três namoradas, sem a mulher saber. Começamos a conversar sobre o assunto e ele me explicou como as coisas funcionam por aqui. Um casal namora, etc, tudo como no Brasil ou em qualquer outro país. Na hora de casar, o noivo tem que oferecer um dote à família da noiva. Geralmente esse dote é medido em vacas, às vezes como valor estimado, às vezes literalmente pago em vacas, mesmo. Uma noiva vale dez vacas; quinze, se pertencer à família real dos Zulus.

Se imaginarmos que uma vaca, segundo Lovemore, custa cerca de cinco mil rands, isso significa que uma esposa custa 50 mil rands, ou algo em torno de R$ 11 mil. Lovemore diz que esse valor pode cair pela metade, dependendo da negociação entre o noivo e a família da noiva. E as vacas também não precisam ser pagas no dia do casamento; o noivo pode parcelá-las ao longo do relacionamento. Se o casal se separar, inclusive, o noivo tem a opção de não pagar o que falta. Mas aí ele pode ficar queimado no mercado, se é que você me entende.

À tarde, ligo para Juanjo, um mexicano que trabalhou com Manoel Baião, meu amigo no Brasil. Estou para tomar uma cerveja (ou tequila, se estiver frio) com Juanjo desde que cheguei a Joburgo, mas as agendas ainda não haviam permitido o encontro.

Como México e Argentina decidem uma vaga nas quartas de final, ligo para tentar combinar da gente ver o jogo juntos. Juanjo me diz que tem um ingresso sobrando. *Arriba!*

O caminho até o Soccer City é divertido, apesar de Juanjo insistir em ouvir música típica mexicana durante uma hora e meia. Não posso reclamar, o cara é muito gente fina. Pensei em disfarçar e colocar os tampões de ouvido que trouxe para me proteger das vuvuzelas, mas desisti porque isso me impediria de ouvi-lo, e isso poderia soar meio antipático.

México e Argentina. Juanjo me pede para torcer para o México, como se fosse necessário pedir a um brasileiro para torcer contra a Argentina. Minha torcida, no entanto, não adianta muito: o time de Maradona faz um gol, faz outro, e outro. O México ainda desconta no final, mas o jogo termina 3 a 1 para a Argentina. Com isso, o convite para comemorarmos a eventual vitória do México com tequila e cerveja é cancelado. Maldito Maradona.

Desanimado, Juanjo diz que tem que voltar para casa porque sua esposa está lhe esperando. Coitado, a Copa do Mundo acabou meio cedo para ele. Até cogitei fazer uma piadinha para animá-lo: pensei em perguntar quantas vacas ele tinha pago ao pai da mulher para poder se casar. Mas desisto, em primeiro lugar, porque ele não é Zulu. Em segundo, porque não se brinca com os sentimentos de um fanático por futebol cuja seleção acaba de ser eliminada.

Hasta la vista, México.

29.6.2010

BRASIL GANHA DO CHILE.
É HORA DE ESPREMER A LARANJA MECÂNICA

Mais um jogo do Brasil, hoje é dia de oitavas de final contra o Chile. Isso significa o dia inteiro no Media Centre do estádio Ellis Park, já que o jogo é às oito da noite. Tudo bem, não dá para reclamar. Mas não vou aguentar mais um dia à base de cachorro-quente: vou almoçar bem antes de ir.

Eu e Daniel fomos à deliciosa churrascaria Bull's Run, pertinho do hotel. Não sei por que nunca havíamos vindo aqui, já que fica do lado do já tradicional Tivoli. O Tivoli é o favorito da equipe do Estadão, primeiro, porque é um restaurante italiano pertinho do hotel; segundo, porque fecha bem tarde. Mas o Bull's Run é melhor: um contrafilé de 500 gramas depois, é hora de ir para o estádio.

Brasil e Chile, mata-mata. Quem perder, volta para casa. E adivinha quem vai pegar o avião? Vou dar uma dica: eles falam espanhol e vão afogar as mágoas com excelentes vinhos Carménère.

O primeiro gol do Brasil foi de Juan, de cabeça, depois de um escanteio cobrado por Maicon. Quando revi o jogo na TV, descobri que o narrador chamou o lance de "uma cabeçada deliciosa de Juan", adjetivo que não entendi de onde veio e que deixa qualquer comentário do Galvão Bueno no chinelo. O segundo gol foi de Luis Fabiano; o terceiro, de Robinho, colocando com carinho a bola no canto do goleiro. Brasil 3, Chile 0.

Meus colegas dizem que, apesar da vitória, o Brasil ainda não mostrou um jogo muito consistente. Não sou especialista, por isso evito discutir com eles. Só sei de uma coisa: ganhar a Copa jogando feio não vai me incomodar nem um pouco. Foi assim em 1994 e o que ficou foi o título e a estrela acima do escudo brasileiro. Além disso, essa Copa do Mundo está tão equilibrada que temos uma grande chance de levantar a taça, já que não há nenhum time jogando um futebol sensacional.

Brasil rumo às quartas de final contra um adversário bem mais perigoso: a temida Holanda. Acho que o apelido "Carrossel Holandês" caía como uma luva em relação ao estilo tático da seleção holandesa de 1974, mas nunca entendi direito porque chamavam a Holanda de *Laranja Mecânica*. Será que é porque o uniforme é laranja? Só pode ser. Afinal, só depois de tomar muitos Molokos alguém conseguiria ver alguma ligação entre o futebol holandês e o filme de Stanley Kubrick.

Como é que se diz "vamos espremer a laranja mecânica" em Zulu?

Bull's Run
Maude St. Sandown | T: (011) 884.1400
info@thebullrun.co.za | www.thebullrun.co.za

Tivoli Ristorante
Maude St. Shopping M1 | T: (011) 784.1968
Tivoli@icon.co.za | www.tivoliristorante.co.za

30.6.2010

VUVUZELAS SÃO A TRILHA SONORA DO INFERNO

"Felipe, você tem problemas de audição?"
"O quê?"

Gostaria de dedicar um capítulo especial a um dos personagens principais dessa Copa do Mundo – e espero que isso não seja visto como um elogio. Odeio as vuvuzelas com todas as minhas forças, o que não adianta nada porque elas são bem mais fortes do que eu. Quem está acompanhando a transmissão pela TV no Brasil pode achar aquele zumbido ao fundo inofensivo, até divertido. Mas garanto que quem está nos estádios da África do Sul sofre. Eu, pelo menos, sofro.

A vuvuzela é o tipo de brincadeira egoísta que só diverte quem está tocando, não importa quanto incomode o cara que está ao seu lado. Não há nada mais gostoso do que levar uma "vuvuzelada" daquelas no ouvido, de surpresa, e daí você se vira e vê algum idiota se divertindo às suas custas. E a dor de cabeça que o barulho provoca depois de ficar duas horas exposto a ele numa arquibancada? Super legal. Não dá nem para ouvir a torcida cantando, ou aquele "oooohhh!" tradicional que se ouve no estádio quando uma jogada é boa.

Os psicólogos podem interpretar as vuvuzelas como "uma válvula de escape para a opressão do homem comum", blá, blá, blá. Os antropólogos-cabeça diriam que "é a África exigindo que sua voz seja ouvida", ou algo do gênero. Mas eu pergunto: que voz monocórdia é essa que precisa ser vomitada a plenos pulmões, que forma de expressão gutural é essa que rompe o silêncio de arquibancadas multiculturais com violência desnecessária, sujando o vazio dos ouvidos com sua aspereza tribal? Que tipo de mensagem os africanos querem passar? Querem ser inseridos na economia globalizada? Querem participar dos organismos internacionais? Querem encher o saco do resto do mundo?

Sim, as vuvuzelas deveriam ser proibidas, não me venha com essa desculpa esfarrapada de que é um componente cultural do futebol africano. Se fosse assim, na Copa de 2014 no Brasil será permitido batalhas campais entre torcedores de países diferentes, já que isso é "um componente cultural do futebol brasileiro". Ou melhor, que tal permitir que os torcedores joguem copos com líquidos indesejáveis nas arquibancadas inferiores? Isso também é bastante tradicional em nosso futebol. Essa bobagem chamada respeitosamente de relativismo cultural pode ir para o lixo junto com as vuvuzelas.

Bem, já que estamos falando das vuvuzelas, é bom esclarecer alguns aspectos. Que tal lucrar com a surdez alheia? Clinton Currie, presidente da empresa Vuvuzela Branding Company, disse que não está dando conta da demanda pelo produto. "Antes da Copa vendíamos 20 mil vuvuzelas por mês, agora vendemos 20 mil por dia", disse a empresária ao jornal *The Citizen*. Ela diz isso com orgulho – eu teria orgulho de pegar uma de suas 20 mil vuvuzelas e dar na cabeça dela. Sua empresa é uma das quatro fabricantes de vuvuzelas na África do Sul e suas vendas têm sido afetadas (imagine se não estivessem) pela competição de vuvuzelas chinesas.

A vuvuzela é tão popular por aqui que já existe até uma orquestra formada apenas por músicos que tocam esse belíssimo instrumento (imagine que agradável ouvir uma sinfonia de Beethoven tocada numa vuvuzela). Gostaria de saber onde eles vão se apresentar, assim posso passar antes no supermercado e comprar uma caixa de ovos. E o mais curioso é saber que a FIFA pensou em proibir as vuvuzelas, até que lançaram no mercado uma "vuvuzela oficial". Se você adivinhar quem ganha royalties com a venda desse produto, ganha uma vuvuzela *Made in Switzerland*.

Quem é o responsável por tudo isso? Há controvérsias. Freddie Maake, morador de um subúrbio de Johannesburgo, diz que inventou o instrumento em 1965, mas reclama que nunca ganhou nem um centavo com isso. Segundo a imprensa sul-africana, oficialmente o homem por trás do sucesso das vuvuzelas é Neil Van Schalkwyk, 37 anos, o primeiro a fabricar esse produto ma-ra-vi-lho-so em escala industrial. Talvez com medo de possíveis problemas legais, esse africâner gente fina resolveu baixar o volume das vuvuzelas de sua grife: em vez dos 140 decibéis habituais, ele passou a fabricar vuvuzelas que produzem "apenas" 121 decibéis de barulho. Você acha que ele é esperto? Então adivinhe qual é o outro produto que sua empresa fabrica: protetores de ouvido. Gênio. Do mal, mas gênio.

Apesar de levar o assunto na brincadeira, queria deixar registrado que as vuvuzelas já causaram pelo menos um problema sério de saúde durante a Copa.

Aconteceu com um soprador super-radical de vuvuzela, que teve uma hemorragia na garganta após tocar o instrumento durante horas. (É sério, saiu no jornal.) Não acho que foi bem feito, porque a gente não deve desejar o mal aos outros. Nem é da minha natureza fazer isso. Coitado, vai ficar vendo o resto da Copa do Mundo no hospital. Pelo menos lá ele vai poder ver como é bom assistir aos jogos em silêncio.

1.7.2010

NAS PASSARELAS DA AFRICA FASHION WEEK

Quando fiquei sabendo que viria para a Copa do Mundo, dei uma olhada na agenda para saber quais eventos aconteceriam em São Paulo nessa época. Nada de muito importante, já que a Seleção praticamente monopoliza as atenções do país. Vi, no entanto, que perderia a São Paulo Fashion Week, evento que costumo comparecer para acompanhar os últimos hypes do mundinho e saber tu-do sobre as próximas tendências do verão/inverno. (Desculpe, não consigo parar de rir.)

Tudo bem, pensei. Vou perder a Fashion Week em São Paulo e ninguém vai notar a minha falta. Talvez só a Gisele Bündchen, no máximo.

Qual não foi minha surpresa quando abri o jornal *The Star* outro dia e fiquei sabendo que eu estaria em Joburgo durante a... Africa Fashion Week. Já que perdi o evento em São Paulo, nada melhor do que me redimir diante das *Fashion Victims* africanas.

Entrei em contato com a assessoria de imprensa da

AFW e disse que queria cobrir o evento. Ela me perguntou se eu era jornalista de moda. Disse que não exatamente, mas adoraria acompanhar os últimos hypes do mundinho Zulu e saber tu-do sobre as próximas tendências do verão/inverno sul-africano. Desta vez eu não ri, então ela acreditou. E me deu convites para todos os desfiles.

Confesso que estava muito curioso para saber como seria uma semana de moda africana, descobrir como ela é em comparação com a de São Paulo. Desculpe pela decepção: é mais ou menos a mesma coisa. As modelos são magrelas, as pessoas se vestem de maneira estranha/engraçada, todo mundo usa mochilinhas (nunca entendi as mochilinhas), os estilistas se acham, os VIPs querem aparecer e os jornalistas só querem saber de brindes e boca livre.

A única coisa realmente diferente é a cor da pele sob os vestidos: enquanto no Brasil há cotas para negros nos desfiles da SPFW, aqui 90% das modelos são negras. Será que existe um regime de cotas ao contrário? Nah.

Além de aproveitar o boca livre (com direito à espumante sul-africano e gigantescas coxas de galinha frita como canapé fi-nér-ri-mo), ainda tive o prazer de assistir a alguns desfiles. Vi a coleção nova da marca Xuly Bet, criada pelo simpático estilista Lamine Badian Kouyaté, nascido e criado no Mali.

 Será que isso faz dele um cara Mali-criado? Desculpe, não resisti à piadinha.

Não sei se eu gostei ou não; não havia nenhuma jornalista de moda amiga minha para dizer qual era a minha opinião. Sei que havia muitas peças de vinil, couro e peles de animais, um ar meio assim, tipo Savana-Urbana. O Lamine ficou tão feliz que, ao final do desfile, entrou pulando, como se o Bafana Bafana tivesse vencido a Copa do Mundo.

Daí veio o desfile de Sakina M'as, das Ilhas Comoros. Bom. Ou ruim, não sei direito. Ituen Basi, da Nigéria, foi a próxima. Foi única a fazer referência à Copa do Mundo: o desfile começou com criancinhas correndo com bandeiras dos países classificados. Também não sei direito se gostei ou não, mas pelo menos uma opinião eu e a Anne Wintour compartilharíamos: foi bastante colorido.

Veio então o desfile de Soucha, um cara sul-africano super arrogante, que eu já tinha visto antes tratando mal o garçom na fila do vinho. Mas as roupas me surpreenderam: nunca vi uma coisa tão louca na minha vida. Tinha um lá que era tão esquisito que a Lady Gaga poderia até usar como vestido de noiva.

Na sequência foi a vez do estilista Heni, com uma coleção bastante interessante (*"interessante"* é um adjetivo bom, porque pode significar qualquer coisa). Quando ele surgiu no final do desfile, percebi que estava diante do cara mais gay do mundo – *não que eu ache algo errado com isso*, como diria Seinfeld.

O último desfile da noite veio depois: David Tlale. Das duas, uma: ou ele foi muito bom, ou foi o único sul-africano da noite, já que as pessoas levantaram para aplaudi-lo antes mesmo de o desfile acabar. Mas não posso reclamar do David: depois do desfile, sua assessora de imprensa veio me entregar um convite para a after-party, num lugar descolado em Sandton chamado ZAR.

Detesto dizer *não* para as festas do mundo fashion, mas desta vez tive que recusar. Amanhã de manhã, eu, o repórter Lourival Sant'Anna e o fotógrafo Evelson de Freitas temos um longo dia pela frente: vamos pegar a estrada e fazer um safári na maior reserva da África do Sul.

Africa Fashion Week
T: (011) 269.6960
info@africanfashioninternational.com
www.africanfashionint.com

2.7.2010

UM ELEFANTE FURIOSO NO MEIO DO CAMINHO

Deixamos Joburgo cedinho, às seis da manhã. Lourival no volante, Evelson de navegador e eu... bem, eu encarnando um zumbi no banco de trás. Os 420 quilômetros até que passam rápido, a estrada é excelente; pouco mais de quatro horas depois, estamos no portão Malelane, uma das várias entradas do Kruger Park. O maior parque da África do Sul e um dos maiores do mundo tem uma área de cerca de 20 mil quilômetros quadrados, do tamanho de Israel. Todos os seus números, aliás, são impressionantes: já foram registrados no local 147 espécies de mamíferos, 507 de pássaros e 114 tipos de répteis.

Não conseguiu entender a grandiosidade disso? Então vamos a informações mais fáceis de visualizar: De acordo com o último senso, feito em 2005, o Kruger tem 31.060 búfalos, 12.740 elefantes, 6.700 girafas, 2.280 javalis, 6.940 rinocerontes, 21.100 zebras, 1.000 leopardos e 2.000 leões. E, desde hoje, três jornalistas brasileiros.

Bem-vindo ao Kruger Park.

Entrar no Kruger dá a sensação de que estamos entrando na África. Eu sei, já estou aqui há quase um mês, mas não é nesse sentido de que estou falando. Não estou falando da África do Sul, de Johannesburgo ou Cape Town. Estamos entrando na África, mesmo. O amarelo das savanas dançando lentamente ao vento se perde no horizonte, e as nuvens branquinhas cobrem parte das montanhas que separam a África do Sul de Moçambique, fronteira ao leste com o Kruger Park. Há um cheiro de mato no ar, mas não aquele cheiro de mato que a gente sente nas fazendas brasileiras, por exemplo. Há algo a mais; talvez seja psicológico, mas posso jurar que há uma certa tensão no ar que obriga nossos olhos a vasculharem a vegetação à procura de rostos conhecidos.

Rostos de quem? O Kruger é o lar dos Big Five, os "cinco grandes" animais mais poderosos e cobiçados pelos caçadores: leão, elefante, búfalo, leopardo e rinoceronte. São eles que mandam no parque, apesar do guardinha na minha frente se achar o dono do pedaço. Só para você imaginar, ele está vestido com uma roupinha de safári três números menor que o tamanho dele. Mas ao contrário do que você pode estar imaginando, o uniforme dele não é ridículo. Aqui é um dos poucos lugares do mundo onde você pode usar um traje safári completo e não ficar parecendo um figurante de filme do Tarzan. Mesmo se o seu traje tiver encolhido.

Entramos pelo portão Malela e pegamos a estrada rumo à Crocodile Bridge, um ponto de hospedagem pertinho de Moçambique. A ponte se chama "Crocodilo" porque fica, dã, sobre o rio Crocodilo – a razão por que o rio ganhou esse nome você vai ter que adivinhar. Uma dica: não precisa pensar muito.

Não mencionei ainda, mas não temos reserva e nem sabemos onde vamos dormir: viemos tentar a sorte e encontrar um quarto. Não há vagas em Malela, e o folheto que nos entregaram no portão diz que os hóspedes devem reservar os quartos com pelo menos onze meses de antecedência. Essa informação, no entanto, é para turistas comuns, não para aventureiros especialistas em safári como nós.

Também não há vaga em Crocodile Bridge, mas pelo menos vemos dezenas de zebras, girafas e búfalos no caminho até lá. Pegamos o carro e tentamos a sorte no Lower Sabie, outro ponto de hospedagem com cerca de vinte bangalôs e área de camping. Não há hotéis dentro do Kruger, apenas alguns pontos de hospedagem com posto de gasolina, bangalôs e lanchonete.

Também não há vagas no Lower Sabie, e agora a situação já começa a ficar crítica. Afinal, já passam das quatro da tarde e escurece bastante cedo por aqui. No Lower Sabie, no entanto, descobrimos que há um pequeno bangalô com três camas disponível em Skuku-za, a quase 100 quilômetros de lá. Não temos outra chance, a não ser estacionar no meio do Kruger e dormir em três no carro cercado por babuínos, impalas e sabe Deus lá o que mais (na verdade, eu sei, mas não quero pensar nisso).

Escurece realmente cedo por aqui, são apenas cinco horas e o sol já está se pondo. O barulho do motor do carro se confunde com os gritos de belos e esquisitíssimos pássaros, com asas pintadas de cores que eu nem imaginava que existiam. Uma família de javalis aposta corrida com o carro, e eles têm uma cara tão simpática que dá vontade de colocar todos juntinhos num espeto e fazer um churrasco como os das histórias de Asterix. Por falar nisso, acabo de lembrar que não almoçamos e os estômagos começam a roncar.

Pouco depois vemos carros parados no acostamento. Tentamos ultrapassá-los, mas no meio do caminho descobrimos a razão do inusitado congestionamento: há um elefante bloqueando a estrada, um gigantesco *Loxodonta Africana* de quase quatro metros de altura e umas cinco toneladas. Do outro lado da estrada, há outros elefantes adultos e alguns filhotes.

A situação pode parecer divertida quando você vê isso num filme; é bem diferente quando você é que está participando da cena. Garanto que é aterrorizante. Engatamos a marcha a ré, mas os carros atrás de nós nos impediam de recuar e isso parece enfurecer ainda mais o elefante. De repente, o bicho começa a andar na nossa direção, balançando as orelhas de maneira intimidadora e fazendo um barulho infernal. Tentamos voltar ainda mais, mas os carros atrás de nós não entendem direito o que está acontecendo e não dão marcha a ré. Se o elefante decidir avançar, estamos encurralados. Será que um elefante destrói um carro? Pode ter certeza que sim. Como é que se diz "sanduíche de jornalistas brasileiros" em elefantês?

O elefante para e fica nos olhando durante cinco minutos. São os cinco minutos mais longos da minha vida; vida, aliás, que está nas patas desse enorme elefante. Se ele decidir dar alguns passos, seremos esmagados e você nunca mais vai ler os meus textos.

Eu amo os elefantes. Eu amo os elefantes. Eu amo os elefantes.

Não falei isso em voz alta, mas talvez o elefante tenha ouvido meus pensamentos. Ele dá alguns passos para trás e desaparece entre as árvores, como se nada tivesse acontecido, como se aquele fosse apenas mais um dia comum no Kruger Park. Para ele talvez tenha sido. Mas, para mim, foi uma das experiências mais extraordinárias da minha vida.

Kruger Park
T: (013) 735.4000 | Emergência: (013) 735.4325
Crocodile Bridge | T: (013) 735.6012
Lower Sabie | T: (013) 735.6056 / 7
Skukuza | T: (013) 735.4152

South African National Parks
T: (012) 428.9111
reservations@sanparks.org | www.sanparks.org

3.7.2010

A ZEBRA LARANJA DO KRUGER PARK

Acordamos em Skukuza antes mesmo do sol: às 5h30 já estávamos no carro que levaria para o "Safári Matutino". Estava tão escuro que eu achava que o safári devia ser chamado de safári noturno, mas tudo bem. O guia é meio mal-humorado e o clima está meio chuvoso, então a chance de ver algum leão caçando é realmente bastante remota.

E é o que acontece: vemos apenas os animais de sempre: girafas, zebras e búfalos, elefantes, antílopes, javalis. Nada de leão ou leopardo, felinos que se escondem em cavernas quando o tempo esfria. Vou ter que ficar com a memória dos leões fazendo amor no Rhino & Lion Park; não deixa de ser uma imagem simbólica para um urbanoide como eu, que aprendeu aqui a amar ainda mais a natureza.

Voltamos do safári e tomamos o café de frente para o rio Sabie, assistindo a uma família de hipopótamos tomando sol como se estivessem em Copacabana. Entramos no carro para continuar a explorar o Kruger Park por conta própria, principalmente agora que o dia já está claro. Pegamos o mapa e escolhemos subir até Satara, um acampamento mais vazio e localizado no coração do Kruger Park. No caminho vemos os animais de sempre, além de rinocerontes, hienas e pássaros cada vez mais coloridos.

Desta vez eu é que estou ao volante, e só agora percebo como é confuso para um brasileiro dirigir do lado errado da estrada. E não é só isso: a marcha e os controles do volante também ficam em lados inversos, por isso toda vez que vou fazer uma curva aciono o limpador do para-brisa, assim como toda vez que vou limpar o vidro, o carro atrás de mim acha que vou virar à direita. Aos poucos, acostumo.

Olha ali, à direita, uma família de girafas! Uma coisa legal no Kruger Park é que você não vê só uma girafa ou uma zebra, mas dezenas de girafas e zebras. É o que acontece aqui: há várias girafas, algo que nunca veríamos em outro lugar do mundo. São *Giraffa camelopardalis* com pescoços de mais de dois metros. Elas parecem magrinhas, mas li no guia do Kruger que uma girafa pode pesar mais de uma tonelada e meia.

Estou pensando nisso e observando calmamente as girafas do lado direito da pista quando uma outra girafa aparece do nada do meu lado esquerdo. Cuidado! Desvio rapidamente e o carro quase capota, mas estamos de volta à pista e não há nenhuma girafa atropelada no meu retrovisor. Imagina se eu atropelo uma girafa? Minha filha nunca ia me perdoar. E nem o governo da África do Sul. Já visualizo as manchetes: "jornalista brasileiro pega prisão perpétua por atropelar girafa", ou "família de girafas processa jornalista brasileiro", etc. Felizmente, está tudo bem. Talvez seja melhor o Lourival Sant'Anna voltar ao volante.

Chegamos em Satara e, após um lanche rápido, cruzamos outra parte do Kruger até Orpen, portão de saída onde pegaremos a estrada de volta para Joburgo. Antes disso, porém, é hora de Brasil X Holanda. Descobrimos uma lanchonete com uma boa TV, e é nossa salvação (ou nossa maldição, como veremos a seguir).

Quando o jogo começa, estamos sozinhos. Aos poucos, vão chegando outros turistas, curiosamente vestidos com camisetas laranja. O jogo está 1 a 1, e eles estão quietinhos. Quando sai o segundo gol da Holanda, descobrimos qual é nacionalidade deles: temos que aguentar uma turma de torcedores holandeses fazendo piadinhas (imagino que eram piadinhas, já que não falo dutch) e falando mal do Brasil. O jogo acaba 2 a 1 para a Holanda, o Brasil está fora da Copa do Mundo. É decepcionante, triste, até. Os funcionários da lanchonete estavam torcendo para o Brasil; percebo que ficam chateados também. O Brasil era o segundo time de muitos africanos, por isso eles também se sentem mal.

O Brasil está eliminado, mas a vida continua.

É hora de entrar no carro e pegar a estrada para Joburgo. Como entramos no coração do Kruger, estamos ainda mais longe de casa. O jeito é parar para dormir no meio do caminho, e é o que fazemos: entramos em Mbombela, cidade também conhecida como Nelspruit, e procuramos um hotel. Estamos tão cansados que até a tristeza dá uma trégua. Amanhã a Copa do Mundo da África continua, mas nós não estaremos mais nela. Eu não imaginava que existia uma zebra laranja no Kruger Park.

Satara | T: (013) 735.6306/7

Protea Hotel Nelspruit
30 Jerepico St., Orchards, Nelspruit
T: (013) 752.3948 | res@phnelspruit.co.za
www.proteahotels.com/nelspruit

5.7.2010

OS POLICIAIS DE MBOMBELA SÃO MUITO SIMPÁTICOS

Mbombela é uma cidade com dois nomes (o outro é Nelspruit, super parecido, não?) e pouco mais de 200 mil habitantes. Mesmo assim, foi escolhida como uma das sedes da Copa e, por consequência, ganhou um estádio novinho com capacidade para 43.589 pessoas, ou seja, mais ou menos 25% da população da cidade.

O que vai acontecer com o estádio depois de 11 de julho? Sei lá, talvez convidem a população inteira para um safári no gramado, organizem um jogo de onze leões contra onze zebras ou tenham alguma outra ideia genial.

Mbombela é a sede da Copa mais próxima do Kruger Park, por isso o estádio tem influência arquitetônica de girafas e zebras. As girafas eu consegui ver do lado de fora, já que as colunas de sustentação parecem longos pescocinhos. Para ver o toque "zebral", eu teria que ter entrado no estádio: as arquibancadas são todas zebradinhas. Seria muito brega se aqui não fosse a África, claro.

Mbombela significa *"muitas pessoas em um lugar pequeno"*, e fica aqui a sugestão para que a usemos para designar a hora do rush no transporte coletivo de São Paulo. "Você vai pegar o ônibus Tucuruvi-Interlagos das seis da tarde? Ouvi dizer que essa rota está super mbombela" e por aí vai. Dizem que Mbombela também significa "lata de sardinhas", mas não consegui confirmar essa informação. De qualquer maneira, é uma cidade simpática e me acolheu durante uma bela noite de sono. Pelo menos no meu quarto não havia *"muitas pessoas em um lugar pequeno"*.

Três cafés da manhã depois (eu, Lourival e Evelson), partimos de volta para casa, Joburgo. A estrada era boa, muito boa. Tão boa que o guarda parou o nosso carro por excesso de velocidade. Lourival, que estava no volante, desceu e bateu um papo com os policiais. Havia um cara e três mulheres; as mulheres explicaram que, como somos estrangeiros, teríamos que ir até a delegacia para pagar a multa. O policial, porém, viu nossas camisas do Brasil e logo puxou um papo sobre futebol. Lourival contou que estávamos chateados e com pressa para chegar ao aeroporto, pegar o primeiro voo e chorar a derrota no Brasil. Sul-africano e torcedor do Bafana Bafana, ele se solidarizou. E nos deixou ir embora.

Pena que a bateria arriou e o carro não pegou.

Lá fomos nós, de novo, conversar com a turma de policiais simpáticos. Explicamos o problema e o policial nos ajudou fazendo uma chupeta na bateria. Converso um pouco com eles em Zulu (*oi, como vai, bafana bafana, obrigado, tchau*) e os caras se mataram de rir. Das duas uma: ou ficaram impressionados com meu esforço para falar a língua deles, ou meu sotaque naquela região parecia ter soado como se eu tivesse dito *guarda-chuva, bicicleta, toalha, papagaio* e *criado-mudo*. De qualquer maneira, o carro pegou e voltamos à estrada. Obrigado, policiais. *Papagaio*, ou sei lá como é a pronúncia de "obrigado" nessa região.

Chegamos a Joburgo em tempo para assistir ao

jogo da Argentina e Alemanha. Sou alemão desde criancinha, claro, ainda mais depois da tragédia do Brasil contra a Holanda. Rezei para os deuses do futebol, e parece que eles me ouviram. A Alemanha goleou a Argentina por 4 a 0, levando Messi e Maradona a pegar o próximo voo para Buenos Aires. Depois da derrota do Brasil e um dia difícil na estrada, estou voltando a gostar dessa Copa.

Estádio Mbombela
Halls Plantation N4 Nelspruit
T: (013) 765.2000 / 2499

6.7.2010
UM RESTAURANTE COM DIAMANTES NO CARDÁPIO

A Copa está chegando ao fim, e com isso o número de jogos diminui drasticamente. O dia sem futebol permite que a equipe do Estadão consiga finalmente sair por aí para comprar presentes para as famílias e os amigos. Nada melhor, portanto, do que procurar um lugar onde se possa adquirir o campeão de audiência entre os produtos africanos para exportação.

Você pensou em peles de animais? Errou. Que tal umas máscaras típicas? Novamente errado. Agora, se você pensou em pequenas pedrinhas brilhantes, acertou. É isso aí: não há nada mais africano do que... diamantes.

Digamos que há, no entanto, um pequeno problema financeiro nessa equação. Queremos comprar diamantes, mas a possibilidade de um jornalista entrar numa das lojas do shopping Sandton City e sair de lá com um belo presente para sua esposa é bastante reduzida. Além disso, jornalistas são seres investigativos por natureza, e essa característica nos obriga a descobrir lugares onde os diamantes podem sair mais em conta, se é que você me entende.

Saímos em busca da lendária "Cidade dos Diamantes", onde o mercado de diamantes não tem vendedoras servindo champanhe nem lojas com cheiro de perfume no ar. O local fica em Hillbrow, um dos bairros mais barra-pesada de Joburgo. Não sei se "bairro barra-pesada" e "diamantes" é uma combinação muito interessante, mas sou um voto vencido. Faço o sinal da cruz, rabisco um testamento rapidinho na recepção do hotel e entro na van.

Hillbrow é um bairro realmente horroroso, mas capaz de realizar algo impressionante: ele transforma o Minhocão, em São Paulo, num hotel cinco estrelas. É no coração desse lugar lindíssimo que está a "Cidade dos Diamantes", um complexo com vários prédios e um portão que mais parece a fronteira de um país.

O segurança armado com uma metralhadora olha dentro da van lotada e pergunta o que viemos fazer ali. Dizemos que somos brasileiros, gostamos de futebol e... estamos interessados em diamantes. Ele pergunta se temos reunião marcada com algum fornecedor, e logo entendo que ali é um mercado exclusivo para atacadistas. Respondemos que não, não temos encontro marcado. Mas gostaríamos de comprar diamantes para nossas mães, filhas, esposas e namoradas.

O segurança espera um minuto, olha bem para os nossos rostos. Ele nos manda estacionar o carro e entrar no restaurante "Jewel Restaurant", restaurante das joias (o nome podia ser mais criativo, mas quem sou eu para dizer qualquer coisa). Lá, devemos perguntar pelo dono, que, por medida de segurança (nunca se sabe se essa gente tem acesso a livros brasileiros), chamarei aqui de Senhor P. Antes do segurança abrir o portão, ele pergunta mais uma vez:

"Aonde vocês vão?"

"Ao restaurante."

"Quem vocês vão procurar lá?"

"O Senhor P."

Me sinto como se estivesse numa prova oral da quinta série. Mas se isso é necessário para entrar na Cidade dos Diamantes, então vamos lá.

O restaurante é claramente uma fachada para outros tipos de negócios. Quer dizer, há um cardápio e aquele cantinho no fundo parece ser uma cozinha, mas não é exatamente isso que parece atrair os clientes. Pergunto a uma garçonete se podemos falar com o Senhor P.; logo chega um homem de olhar desconfiado, indagando como sabemos o seu nome.

"O segurança nos disse para perguntar por você. Mas se for muito incômodo, podemos ir embora, inclusive acho que já está ficando tarde..."

(Isso era meio-dia.)

"Sentem-se ali, já vou atendê-los."

Obedecemos rapidinho e sentamos na mesa que ele nos indicou. Logo ele volta com uma mulher, uma loiraça vestida com casaco de oncinha que devia ser bonita quando era adolescente, cerca de 150 anos atrás.

"Ela vai mostrar algumas pedras para vocês."

E assim chega ao fim o nosso relacionamento com o Senhor P. E começa o nosso relacionamento com... bem, vamos chamá-la de Senhora Z. (nunca se sabe se essa gente tem acesso a livros brasileiros).

A Senhora Z. abre um estojo de couro e começa a mostrar os diamantes. Ela explica que eles são classificados de acordo com a lapidação (formato), peso (quilate), a pureza e cor. Ela faz contas, fala sobre a personalidade das pedras. Perguntamos de onde os diamantes vêm, li no jornal que uma grande área de extração foi descoberta há pouco tempo no Zimbábue oriental; ela dá uma risadinha e diz que podemos ficar tranquilos porque eles não são *blood diamonds*, "diamantes de sangue". A expressão, que ficou famosa graças ao filme homônimo estrelado por Leonardo DiCaprio, diz respeito às mortes provocadas pelo comércio ilegal de diamantes africanos. Acreditamos nela, não temos como provar que ela está errada. É duro pensar que pedacinhos minúsculos de vidro como aqueles podem ter custado vidas humanas. Para quê? Como algo tão insignificante pode ser tão valioso para a humanidade? Não tenho a menor ideia, só sei que o hipnótico brilho dos diamantes é fascinante – e provavelmente a resposta vem daí.

Três da tarde, hora do almoço. Vamos todos ao Primi, simpático restaurante no Melrose Arch que, por alguma razão que ninguém sabe explicar, serve comida brasileira. É verdade: o cardápio tem bolinho de bacalhau, frango à passarinho, empada de camarão e... feijoada. Peraí, feijoada em Joburgo? Manda várias! Infelizmente, não dá para dizer que é uma verdadeira feijoada. Cada babuíno no seu galho: a África que fique com seus diamantes. Nós ficamos com o nosso feijão.

Primi Forum
Loja 10ª 25 High St., Melrose Arch 2076
T: (011) 684.1648
forum@primi-piatti.com | www.primi-piatti.com

7.6.2010

DE BALÃO, JOHANNESBURGO A 120 METROS DE ALTURA

A Copa está chegando ao fim, a viagem também. Está muito difícil encontrar passagens para o Brasil desde a eliminação, mas consigo um lugar em um voo na antivéspera da final entre Espanha e Holanda. Tudo bem. Se o Brasil ou a África do Sul estivessem na final, faria questão de ficar. Mas a saudade já está tão forte que não vejo nenhum problema em pegar esse avião e assistir a final na minha casa, com minha família e meus amigos.

A minha mala desafia a teoria da física que diz que dois corpos não podem ocupar o mesmo lugar. Tudo bem, há tranqueiras africanas e alguns presentinhos. Mas é incrível como as nossas coisas conseguem se expandir em uma viagem; talvez elas se reproduzam durante a noite em quartos de hotel, só pode ser. De qualquer jeito, as malas estão fechadas e agora estou apenas esperando o carro.

Como estou adiantado algumas horas, olho pela janela do meu quarto e vejo o Mushroom Park, o parque do cogumelo, local onde meus olhos reconhecem como minha casa durante a temporada africana. Há um balão enorme no meio do parque, um balão que nos ajudou a voltar para casa durante algumas noites perdidas por Joburgo. Será que consigo subir nesse balão para dar uma última olhada na cidade?

Atravesso o parque rapidamente, com o olhar fixo no balão. Agora ele está no chão, à minha espera, e vejo pela primeira vez que há um funcionário cuidando da venda de ingressos para o passeio aéreo. Ele sempre esteve lá? Ele apareceu apenas quando o meu desejo de voar se manifestou subitamente? Nunca saberei dizer.

Subimos lentamente, é minha primeira vez em um balão. Chegamos ao ápice do voo alguns minutos depois, o simpático funcionário me explica que estamos a 120 metros de altura. É tão calmo que não dá medo, pelo contrário. Por isso os anjos são tranquilos. A vista em 360° de Joburgo mostra que a cidade não é bonita, não há nenhum ponto turístico que se destaca dos outros. Mas é uma cidade bastante arborizada, pelo menos é a impressão que dá, e daí lembro que o balão está voando sobre o elegante bairro de Sandton. Há muitas árvores e qualidade de vida por aqui. Mas logo ali, na favela de Alexandra, atrás de um shopping center, espalha-se uma mancha de pobreza.

Daqui de cima também é possível ver o coração de

Sandton, a Nelson Mandela Square, os luxuosos hotéis Michelangelo e Radisson. Daqui se veem os vários condomínios fechados de Sandton, e entende-se ainda melhor o sistema de muros que opõe não apenas brancos e negros, mas ricos e pobres, não importa a qual das cores do arco-íris sul-africano eles pertençam.

8.7.2010

COMO É QUE SE DIZ "SAUDADES" EM ZULU?

Volto para o hotel, pego as malas e saio com a equipe do Estadão para o aeroporto. A mocinha da recepção diz que ficará com saudades da nossa turma, pelo jeito somos mais divertidos que os argentinos ou chilenos, equipes de imprensa que também se hospedaram por aqui. Ela diz alguma coisa em Zulu, e acho que é justamente a tradução de "saudade", complicada demais para ser reproduzida por aqui. Ela brinca que todo ano deveria ter Copa do Mundo, e eu entendo exatamente o que ela quer dizer. A Copa trouxe milhares de pessoas ao seu país, mas não só isso: trouxe empregos, movimento, dinheiro. Explico que a próxima Copa vai ser no Brasil. "Posso ir?", ela pergunta, ingênua. "Pode, claro. Você vai se sentir em casa." Digo isso com sinceridade, a morena simpática de sorriso largo e cabelo esticado em um rabo de cavalo passaria facilmente por uma brasileira.

É, a viagem está chegando realmente ao fim. Escrevo agora no avião, no assento 54D do voo 224 da South African Airways de volta para São Paulo.

Tento olhar pela janela, está completamente escuro. Do lado de fora, o nada. Ou melhor, "o vazio que, do chão, chamamos de céu", como escreveu a sul-africana Nadine Gordimer. Tenho certeza de que ainda é o céu da África, esse vazio para onde os africanos se voltam quando querem rezar, amar, sonhar. E para onde seus animais também voltam os olhos, achando que ali vivem apenas os pássaros, aquelas asas coloridas como o arco-íris que é este país.

Se você está sozinho, eu queria te fazer um pedido. Pode parecer estranho, mas queria que você pronunciasse a palavra *África* em voz alta. Repita, por favor, em voz alta novamente. Fale uma terceira vez, desta vez lentamente, separando as sílabas e colocando ênfase em cada uma delas.

Que palavra linda, *África*.

Não, não é apenas o som mágico da combinação de suas letras que torna essa palavra tão familiar para você, para mim, para todos os povos do mundo. É outra coisa.

É porque somos todos africanos.

Ngiyabonga, África.

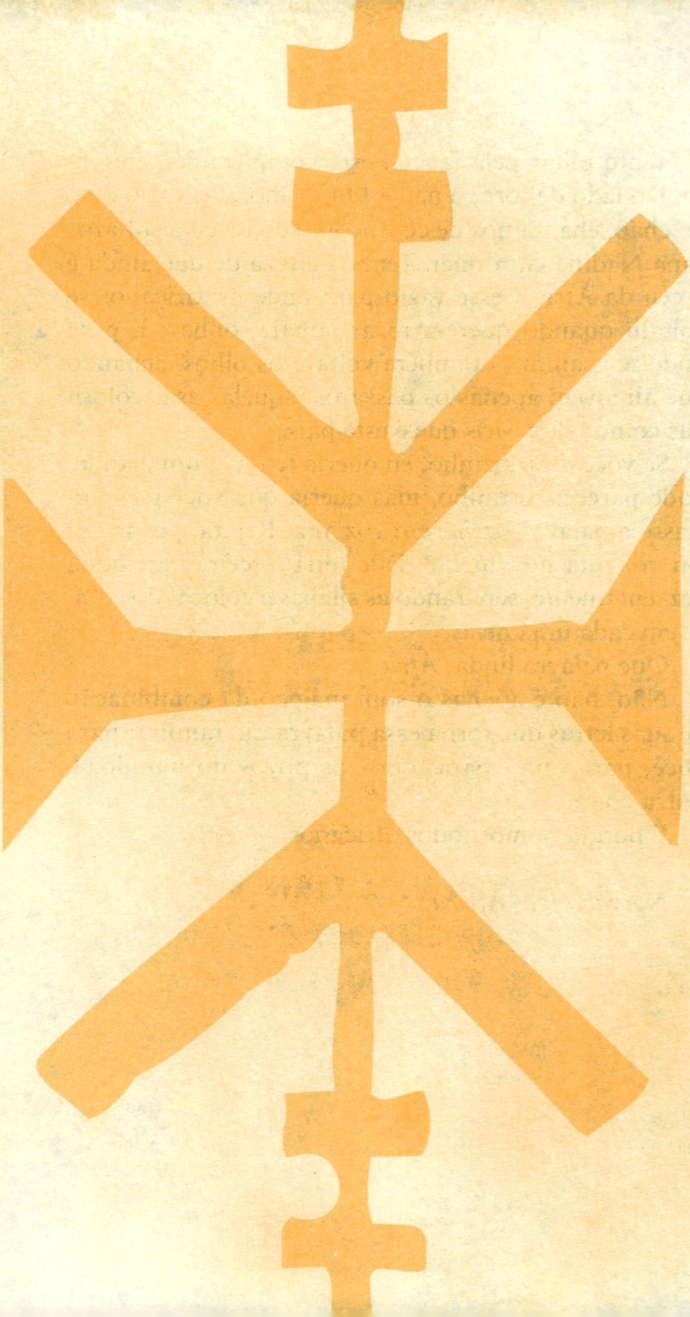

UMA COLEÇÃO BACANA DE PROVÉRBIOS AFRICANOS

A CULTURA ORAL AFRICANA REÚNE PROVÉRBIOS QUE PASSAM DE GERAÇÃO PARA GERAÇÃO HÁ MUITOS SÉCULOS, ANTES MESMO DAS ZEBRAS TEREM LISTRAS. SÓ PARA VOCÊ TER UMA IDEIA, O PESCOÇO DAS GIRAFAS AINDA NEM TINHA CRESCIDO. PESQUISANDO EM ALGUNS LIVROS SOBRE O ASSUNTO, APRESENTO AQUI UMA SÉRIE DE PROVÉRBIOS COMENTADOS QUE PODEM MUDAR A SUA VIDA. OU NÃO.

BOPHELO K'E MOLAETSA THEE LETSA

ORIGEM: Sotho
TRADUÇÃO: A vida é uma mensagem. Preste atenção.
EXPLICAÇÃO: Você deve aprender com a experiência.

UKUPH' UKUZIPHAKELA

ORIGEM: Zulu
TRADUÇÃO: Dar é servir uma porção a si mesmo.
EXPLICAÇÃO: A bondade é recíproca.

IZANDLA ZIYAGEZANA

ORIGEM: Zulu
TRADUÇÃO: Uma mão lava a outra.
EXPLICAÇÃO: As pessoas dependem umas das outras.

UMHAW' USUK' ESWENI

ORIGEM: Zulu
TRADUÇÃO: O ciúme começa com os olhos.
EXPLICAÇÃO: O ciúme começa quando vemos que o outro
tem algo que desejamos.

UBUKULU ABUBANGWA

ORIGEM: Cossa
TRADUÇÃO: Não se atinge a grandeza exigindo grandeza.
EXPLICAÇÃO: Você é julgado pelos atos, não pelo discurso.

UMENZIW AKAKHOHLWA' UMENZI

ORIGEM: Zulu
TRADUÇÃO: A pessoa que ofendeu esquece; a pessoa
ofendida sempre se lembrará.
EXPLICAÇÃO: O ofendido se lembra mais do que o ofensor.

WOTH' OMABILI

ORIGEM: Zulu
TRADUÇÃO: Ele se aquece aos dois sóis.
EXPLICAÇÃO: Os homens sábios procuram o sol da manhã e o sol da tarde para se manterem aquecidos.

VKVZAL' VKVZILVNGELELA

ORIGEM: Zulu
TRADUÇÃO: Dar à luz uma criança é acrescentar uma criança a você mesmo.
EXPLICAÇÃO: A criança é uma extensão de seus pais.

VKVWA KWENDLV WUKVVVKA KWENYE

ORIGEM: Zulu
TRADUÇÃO: Quando uma casa morre, a outra nasce.
EXPLICAÇÃO: Quando uma jovem garota se casa e sai da casa dos pais, surge uma nova família.

AKVKHO MFVL' VNGAHLOKOMI

ORIGEM: Zulu
TRADUÇÃO: Não há rios que correm sem fazer barulho.
EXPLICAÇÃO: Toda família tem seus problemas.

VZIPEMBELA EMOYENI

ORIGEM: Cossa
TRADUÇÃO: Você está acendendo um fogo no vento.
EXPLICAÇÃO: Há pessoas que tratam os estranhos melhor do que os próprios familiares.

WAHLALWA YILAHL' EMHLANE

ORIGEM: Zulu

TRADUÇÃO: Um carvão queimando fica sempre de costas.

EXPLICAÇÃO: Pessoa que está sempre com problemas.

ILIZWE LIFILE

ORIGEM: Cossa

TRADUÇÃO: A terra morreu.

EXPLICAÇÃO: A guerra começou.

TLAILA LE TLAILEL MORENA

ORIGEM: Sotho

TRADUÇÃO: Não tenha medo de cometer erros.

EXPLICAÇÃO: Quem tem medo de cometer erros não aprende coisas novas.

YIZ' UVALO, INQOBO YISIBINDI

ORIGEM: Zulu

TRADUÇÃO: O que importa não é o medo, mas a coragem.

EXPLICAÇÃO: É preciso ser corajoso nos momentos difíceis.

TLALA E LALA TLAS''A SESIU

ORIGEM: Lesotho

TRADUÇÃO: A fome se esconde debaixo da cesta de comida.

EXPLICAÇÃO: Ninguém sabe como será o dia de amanhã.

UMUZI NGUMUZI NGOKUPHANJUKELWA

ORIGEM: Zulu

TRADUÇÃO: Uma casa só é uma casa quando é visitada.

EXPLICAÇÃO: Você deve ser hospitaleiro, mesmo que seja com estranhos.

IZINSUK' AMATHANDA KWENZELWA

ORIGEM: Zulu

TRADUÇÃO: Os dias gostam de ser mimados.

EXPLICAÇÃO: É bom planejar o futuro para evitar dias difíceis.

UKUGUG' AKUMEMEZI

ORIGEM: Zulu

TRADUÇÃO: A idade chega sem avisar.

EXPLICAÇÃO: As pessoas envelhecem de repente.

INKONAN' IKHETHWA KUSAKHANYA

ORIGEM: Zulu

TRADUÇÃO: O filhote é separado da mãe à luz do dia.

EXPLICAÇÃO: O filhote é separado da mãe para não mamar durante a noite e amanhecer sem leite.

WABANJW' UNTSHO

ORIGEM: Cossa

TRADUÇÃO: A águia está em apuros.

EXPLICAÇÃO: Resolva um problema sem criar outro.

INDLU YEGAG' IYANETHA

ORIGEM: Zulu

TRADUÇÃO: A chuva entra na casa de quem fala muito.

EXPLICAÇÃO: Quem conta vantagem esquece o que é importante.

WANDE NGOMLOMO NJENGESIQABETHO

ORIGEM: Zulu

TRADUÇÃO: Ele tem a boca grande como uma cesta.

EXPLICAÇÃO: Quem fala muito, faz pouco.

NALA KUNGEKHO QHUDE LIYASA

ORIGEM: Zulu
TRADUÇÃO: O dia amanhece mesmo quando o galo não canta.
EXPLICAÇÃO: Ninguém é indispensável.

NTJA E TSOKELA YA E FANG

ORIGEM: Tswana
TRADUÇÃO: O cão segue quem o alimenta.
EXPLICAÇÃO: As pessoas gostam de quem os agrada.

INJA UMOYA

ORIGEM: Cossa
TRADUÇÃO: Um cão do vento.
EXPLICAÇÃO: Pessoa que muda de ideia conforme a situação.

IQAQA ALIZIVA KUNUKA

ORIGEM: Cossa
TRADUÇÃO: O gambá não sabe o cheiro que tem.
EXPLICAÇÃO: A pessoa não tem noção das próprias fraquezas.

UKUHLINZA IMPUKU

ORIGEM: Cossa
TRADUÇÃO: Ele tira pele de rato.
EXPLICAÇÃO: Ele faz coisas escondidas.

UCEL' AMEHLO

ORIGEM: Cossa
TRADUÇÃO: Ele ou ela está pedindo olhos.
EXPLICAÇÃO: Pessoa que luta por atenção.

ISSO LIWEL' UMFUL' UGCWELE

ORIGEM: Zulu
TRADUÇÃO: Meus olhos cruzam um rio que está cheio.
EXPLICAÇÃO: Não adianta desejar o que está além do seu alcance.

UDL' UKUDLA KWAMUDLA

ORIGEM: Zulu
TRADUÇÃO: Ele comeu a comida que depois comeu ele.
EXPLICAÇÃO: É bom ter cuidado com comida envenenada.

UDLA UKUTYA KOKUHAMBA

ORIGEM: Cossa
TRADUÇÃO: Ele come comida da estrada.
EXPLICAÇÃO: Uma pessoa que nunca está em casa com a família.

AKUKHO MPUKANE INQAKULELA ENYE

ORIGEM: Cossa
TRADUÇÃO: Uma mosca não arranja comida para a outra.
EXPLICAÇÃO: Na dificuldade, é bom ser autossuficiente.

UNEBHUNGAN' EKHANDA

ORIGEM: Zulu
TRADUÇÃO: Ele tem um besouro na cabeça.
EXPLICAÇÃO: Pessoa que age sem pensar.

NELSON MANDELA

PENSAMENTOS

UMA DAS ARMAS
MAIS FORTES
QUE EXISTEM
É O DIÁLOGO.

É PRECISO
PENSAR COM A CABEÇA,
NÃO COM O SANGUE.

**QUEM TEM
VONTADE DE FERRO
TRANSFORMA PROBLEMAS
EM VANTAGENS.**

**SE UMA CRÍTICA
É VERDADEIRA,
ELA DEVE SER FEITA.**

NÃO HÁ CAMINHO FÁCIL
PARA A LIBERDADE.

CULPAR O PASSADO PELOS
ERROS NÃO OS CORRIGEM.

NEGAR OS DIREITOS HUMANOS A ALGUÉM É NEGAR-LHE A PRÓPRIA HUMANIDADE.

DEPOIS DE ESCALAR UMA MONTANHA, DESCOBRIMOS QUE HÁ OUTRAS MONTANHAS PARA ESCALAR.

O POVO
É O SEU PRÓPRIO
LIBERTADOR.

O PASSADO É UMA
RICA FONTE ONDE
PODEMOS BEBER
O FUTURO.

UM HOMEM
QUE TIRA A LIBERDADE
DE OUTRO HOMEM
É UM PRISIONEIRO
DO ÓDIO.

O MUNDO É
REALMENTE REDONDO:
ELE COMEÇA E TERMINA
COM AQUELES QUE
AMAMOS.

LUTAMOS CONTRA
A INJUSTIÇA PARA
PRESERVAR A NOSSA PRÓPRIA
HUMANIDADE.

SER O PAI DE UMA NAÇÃO
É UMA GRANDE HONRA,
MAS SER O PAI DE UMA
FAMÍLIA TRAZ
MAIS FELICIDADE.

**A LIBERDADE
NÃO PODE SER DADA
EM DOSES:
UM HOMEM É LIVRE
OU NÃO É.**

**FALAR
NÃO É IMPORTANTE,
O IMPORTANTE
É AGIR.**

UM SAFÁRI FOTOGRÁFICO MUITO BACANA

IMAGENS SÃO TROFÉUS MAIS LEGAIS DO QUE CABEÇAS DE ANIMAIS EMPALHADOS NA PAREDE. EM VEZ DE ARMAS, OS MELHORES CAÇADORES DA ÁFRICA USAM... CÂMERAS.

Na Copa do Mundo, credencial na mão é vendaval

Soccer City: *Calabash* africano para 92 mil torcedores

No treino da Seleção, os jornalistas não eram *Welcome to Brazil*

Madiba de bronze fiscaliza a Nelson Mandela Square

No outdoor, Mandela levanta a taça e é campeão do mundo

Criançada canta e dança nas pobres ruas de Soweto

Será que a família do Mandela comia mesmo aqui?

Por dentro do Soccer City, um dia antes da abertura da Copa

Grama verdinha e pronta para o pontapé inicial da Copa do Mundo

Leões que se amam adoram dormir em estilo "conchinha"

Feras fofinhas: Gosto muito de vocês, leõezinhos

Bafana Bafana e México empataram na abertura da Copa da África

Carpaccio de crocodilo, uma comidinha básica do dia a dia

Nome de batismo foi premonição: "Aquele que veio para mudar a ordem"

Mundo animal invade o shopping Sandton City, em Johannesburgo

Um passeio de mão-tromba dada com Kumba

Pegando carona na garupa de um *Loxodonta Africana*

A textura da pele do elefante é macia e parece um sofá de couro

Quem disse que as policiais sul-africanas não são sensíveis?

Em Sterkfontein, há sempre uma luz no fim da caverna pré-histórica

A bela vista a partir de Robben Island: Table Mountain encontra o céu

Mandela via o sol nascer quadrado por essa janela

Pátio da prisão de Robben Island: Isolamento e pedras quebradas

Essa cela minúscula foi o lar de Mandela durante 18 anos

Corredor do Presídio de Segurança Máxima de Robben Island

De um lado da ilha, a prisão. Do outro, a passarela de pinguins

Águas cheias de tubarões separam a ilha-presídio da Cidade do Cabo

Quadro impressionista? Não, cartão-postal de Waterfront, Capetown

Receita de um vinho perfeito: Sol, céu azul e 18 graus de temperatura

Barris guardam o Pinotage, vinho típico da África do Sul

Um lugar tão lindo que até a vista merece uma degustação

Em Stellenbosch vale o velho ditado: *In Vino Veritas*

Vinho e paisagem: Eu passaria o resto da vida nessa cadeira

A águia negra é um passarinho da pesada: pesa mais de cinco quilos

Tem gente que tem exatamente essa cara de coruja, não?

On the road: Queimando o asfalto na África do Sul

Durban: Nada como ver o sol nascer no Oceano Índico

O estádio mais bonito da Copa: Moses Mabhida, em Durban

Eu sou brasileiro, com muito orgulho, com muito amor...

Deu vontade de acompanhar esse voo com eles

Africa Fashion Week: Penteado de quem enfiou o dedo na tomada

Ele mete o nariz onde não é chamado... mas quem vai reclamar?

"Filho, cuidado ao atravessar a rua. Aqui eles dirigem do lado errado"

Deu uma vontade de devorar javalis... como nas histórias do Asterix

Casal de zebras faz happy hour enquanto os leões não chegam

A gazela *Springbok* é o símbolo da seleção de rugby da África do Sul

Nada como fazer um lanchinho no final da tarde

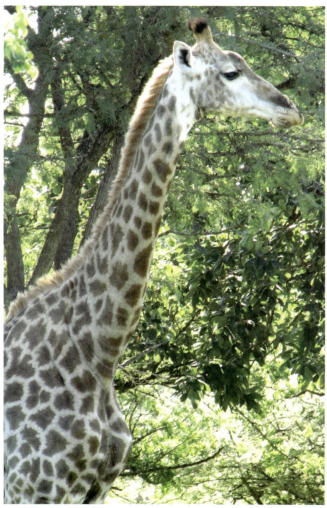
"Filha, olha a girafa!" (A girafa é um dos bichos favoritos da Bebel)

Prisão política: Essa tranca separava o líder sul-africano do mundo

"Liberdade" é o alicerce da casa de Mandela em Soweto

Como é que se diz "saudades" em Zulu?

Foto: João Paulo Rocco

Conheça outros títulos da editora em:
www.pensamento-cultrix.com.br